神ながら意識

矢加部幸彦 著

撮影：佐藤カズノ

ナチュラルスピリット

作：氣龍画師　日幸 知

推薦のことば

私が主宰する、神ながらの武道を伝える団体・玄修会の矢加部幸彦四段が、初の著書を上梓することになった。祝意を込めてここに推薦の言葉をしたためることとする。

矢加部氏は、十代の頃より各種武道を嗜み、合気道にいたっては修行すること三十年に及ぶという。中でも、古神道家であり、かつ合気道創始者の植芝盛平翁の直弟子としても有名な故・佐々木将人師範に師事し四段の允可を得ている。修道の心深く、なお神武一道の深奥を極めようと、私が主催する玄修会の門を叩いたのが、今から十五年ほど前のことだ。当会で伝授している神ながらの武道、大東流合気柔術においても初伝から修行を開始し、今では四段を得、さらに一層の研鑽を重ねている。

そもそも矢加部氏は、大学卒業後、製薬会社に入社し、人材開発部門にて人材育成に関する企画・運営をし、講師も担当していたそうだ。働く人の心に関わる仕事を通じ、また合気道の研鑽とともに神ながらの道を歩みながら、より一層、人間と精神世界の研究を深めるため、これまでさまざまな師のもとで修行を重ねてきたと聞いている。

独立してからは、ヒーリングや古神道ワークショップ、言霊修道士養成講座などを通して、古の叡智を伝える活動を展開し、今では全国各地に多数の受講者があると聞く。講演やワークショップ開催などのほかに、石笛とか龍笛の神道音楽家としても活躍し、人気を博している。最近では、活動の場を海外にまで広げ、国民の大虐殺を経験したアルメニアの地にて、鎮魂の祈りを捧げ、神舞を奉納した様子が海外メディアに取り上げられるなど、精力的な活動はとどまることを知らない。

その矢加部氏が、玄修会の稽古の折に『神ながら意識』という本の草稿を私のところに持参した。

「是非、ご一読いただき、ご意見・ご指導などいただきたい」との趣旨であった。

武術の先生のところに神道に関する本の草稿を持っていって見てもらっても仕方があるまいと、人によっては違和感を持たれることであろうが、実際のところ私は武術に関する著書よりも、神道関係の著書のほうが多い。また私の名を知る人も、武術でよりは神道関係の人が多い。それを知っておられるので持ってきたものだ。

一気に読ませていただいたが、私などが堅苦しく、難解難渋に書いてしまいがちな神道というものを、借り物ではない自分の言葉で、誰にでもわかりやすく説明している。これならば神道の入門書として、人に勧めてもよい良書の一つといえるであろうと私は感じた。

ちなみに、その内容は次のようなものである。

初めに、神道は仏教などでいう「悟る」「悟らない」などというものを超越したもので、神々は弥栄のために働いておられ、神の子としての人も、それに倣って、神のように弥栄のために働く。それが「神ながらの道」即ち神道なのだと説く。

続いて、神社の起源から始まり、神籬とは、磐境とは、氏神とは、産土神とは、といった神道における基本的な用語はもちろん、神社の鳥居、手水舎、参道、参拝、玉串奉奠の単なる表面的な意味だけではなく、その秘められた意味にまで言及している。

そして、次には神道と深い関わりのある天皇という万世一系の存在を、歴史的に、また自分自身の皇居勤労奉仕団の団長を勤めたときの感動的な体験などを踏まえて記し、無私無欲にして、全世界の人々の行い、結果、想いを一身に背負われて、日本国、全世界の平和を祈る天皇が日本に存在するということの意義を説いている。

また、神ながらの道の根本行ともいえる穢れを去って清浄になる禊祓いと、天地の振るえが降り注がれて、澄みきりに清まる鎮魂について記し、その究極は、神の分霊である本来の自分の顕現にあり、永遠の生命を「うれし楽し」で生き通すことであると説いている。

最後に、日本文化の中には神道の精神が息づいているとして、祖先崇拝、正月の行事、日常生活での挨拶などにみられる言寿ぎ、包みなどにみられる一切を包み込む精神などについても記している。

読んでいただければわかることだが、そうしたことがそれぞれ親しみやすく、わかりやすく書かれている。細かいところを言えば、個体生命が顕幽を貫いて生き通しかどうかなど、いくつかの点で私の見解と相違するところがないわけではないが、この書が、神道とは何かということを知り、また考える一つのきっかけになってくれることは間違いない。

神道に興味を持たれる人々に一読を勧める所以である。

大東流合気柔術玄修会　会長
玄学修道会　会長

大宮　司朗

神ながら意識

遥かなる昔
この美しき日（霊）の本には
名も残さない人々の間に生まれ　育まれてきた
「大道」がありました
大自然への畏敬と感謝から生まれた叡智
美しく調和し　すべてと和していく
生命の道　神ながらの道……

お互いに頭を下げ合い「お互い様ですね」「お先にどうぞ」

と労い　譲り合い　祈り合い　称え合い　祭り合う
大和（おおにぎ）の清らかなる道

あたかも人が神になるのではなく
神が人になっているのを知っているかのごとく
神と人とが同じであることを称えているかのごとく
その誉れを祝うがごとく
日々に誠を尽くそうとする人の道……

それは悟りとか覚醒を超えた
永遠（とわ）の弥栄（いやさか）への　祈りの道……

はじめに

悟る必要ってあるの？


「悟り」なんて、必要なのでしょうか？

「覚醒」したら、どうなるのでしょうか？

「世界には覚醒者がいて、これまで私たちを、この地球を導いてきてくれた覚醒者の教えに従えば、私たちも覚醒できて救われるのだ……」

これは本当でしょうか。私たちは救われたのでしょうか。または、これから救われるのでしょうか。

私たちは相変わらず、生老病死のはざまを生きています。

太古の日の本の人々は、私たち一人一人は、神から生まれた神であるということを、言葉や理屈を超えて知っていました。

「悟っていない神」とか「覚醒していない神」という表現がおかしいように、神の子である人間に「悟っていない人」も「覚醒していない人」もいません。こういったものの見方、考え方は、この日の本の名も知れぬ人々によって大切に育まれ、脈々と受け継がれてきたのです。

日本人が「悟り」とか「解脱」という概念を知るのは、仏教伝来以降のことです。それ以前の日本人には、「悟り」とか「覚醒」とか「覚醒者」という概念はなかったようです。

仏教の伝来によって、それまでは当たり前であった自分たちの生き方や考え方を意識するようになりました。仏教と区別するためにも名前が必要になり、自らの生き方を「神ながらの道」とか「神道」と呼ぶようになりました。

「神ながらの道」とは、神さながらに生きていく道という意味です。神の在り方にならって生きていこうという意味で、「神ならいの道」とも呼ばれます。

日本人の中に自然と備わっていた生き方。それが「神ながらの道」。そこに脈々と流れているのが「神ながら意識」。誰かが唱えたわけでもなく、誰かが作ったわけでもなく、何かに書かれていたわけでもなく、「神ながら意識」は日本人の胸の内に継承されています。

古来日本人は「神ながら意識」を持つがゆえに、「自分は悟ったのか、悟っていないのか」などということは考えず、はた（傍）をらく（楽）にするために、ひたすら働きました。

「自分は悟っているのか、悟っていないのか」ということ自体が、ひとつの気掛かりです。この気掛かりを神ながらの道では、「気枯れ（けがれ）」と言います。

気枯れ、ケガレのことは、後で詳しく述べますが、ケガレが生じたらそのたびに禊（みそ）いで祓（はら）って神の在り方にならい、神さながらに生きようと決意を新たにする。常に生まれ直し、何度でも生き直しをして、弥栄（いやさか）のために働いてきたのです。あたかも神が宇宙開闢（かいびゃく）以来、ずっと働いておられるように。

現代の高度に発達した情報社会で、人はさまざまな情報を大量に取り込みます。あらゆる情報は同時に、気掛かりをもたらします。

気掛かりは不安を生み、不安を解消するためにさらに情報を求めるようになり、自分探しの本や悟りや覚醒のためのセミナーが巷に溢れて久しくなります。

「覚醒者」がいるといっては聴きに行き、「悟る方法」があるといっては学びに行く。さまざまな教えに触れながら、それでも心は常に満たされない。それが、多くの人の心境ではないでしょうか。それは、私たちが生きているこの日本とは何かを見失い、そこに流れている神ながらの道を知らずして、いくら自分探しをしたところで、自分などというものは見つかるはずもないからで、つまりは砂上に楼閣を築くようなものだからです。

最近、神社に参拝する方が増えているのも、迷いからの脱却の手がかりを探そうとしているゆえのことかもしれません。しかしながら、神社参拝が元（もと）つ初めの振るえとつながり、己の存在の根源に触れる行為であるにもかかわらず、

「あの神社に行けばパワーが得られる」

徳島　磐境神社にて

「自分にはパワーがないから、パワースポットでパワーをいただこう」と御利益信仰だけに意識が向いていることはとても残念なことです。

もちろん、パワーのある土地、神域はあります。しかし、「神ながら意識」を忘れ果てて神社に参拝しても、パワーや御利益を得ることはできません。

自らの内に直霊（なおひ）という神座（かみくら）があって、自らも神であるという自覚のもとに参拝してこそ、その場の神々のエネルギーと響き合うことができるのです。

さらに言えば、神を拝むとか祭るとかいうのはほんの入り口で、本来は神そのものを我として、その直霊の光と神の光が互いに照らし合い、祈り合うことこそが、人の在り方であり、神人和楽の神ながらの道の在り様（あよう）なのです。神を拝むだけで神に依存する我よりも、神様の方から弥栄のために働いてくれよと、逆に拝まれる我になりたいものです。そのためにも直霊という内在神、天之御中主神（あめのみなかぬしのかみ）の分霊（わけみたま）を、気掛かりの曇りによって包み隠し、罪とならないよう日々の禊祓（みそぎはら）いというものがあるのです。神道が「禊祓いに始まり、禊祓いに終わる」という由縁でもあります。

私は古神道修道士として全国各地を回り、神道についての講話会やワークショップを開催させていただいていますが、ありがたいことに多くの方から「初めて本当のことがわかりました」とか、「目から鱗が落ちました」などの言葉をいただいて参りました。

次第に「先生がいつも話している内容は、本に書かれないのですか？」とか、「神社や神道に興味を持ちました。単なる歴史や雑学ではなく、神道の心をわかりやすく教えてくれる本を書いてください」という声も多数いただくようになりました。

私としては、いつもごく当たり前のことを話しているだけなので、「ご縁があれば本を書く機会もあるでしょう」とだけお答えしていたのですが、あまりに強く要望されるものですから、これ以上お待たせするわけにはいかないということで、今回、一冊の本にまとめることにいたしました。

今ここに、日本とは何か、その根幹となる神ながらの意識を、この日の本の美しき在り様を、皆様とともに思い出していきたいと思います。そこには、悟りや覚醒を超えた天晴れ(あっぱ)な美しい生き方、まさに神さながらの生き方が脈々と息づいていたのです。

さらに「日本に生まれて良かった」「自分に生まれて良かった」と感じていただき、共存共栄の心で弥栄なる神ながらの道を歩み始めていただければ、これに勝る喜びはありません。

天晴れ(あはれ)
あな面白(おもしろ)
あな手伸(たの)し
あな清明(さや)け
おけ……

目次

第一章　うれし楽しの道―一即多・共存共栄の心

第二章　祈りの道―日本人と神社

第三章　永久の道──神道と天皇家

第四章　清めの道──日本の精神に息づく神道

プロローグ

大和のことほぎ

かつて　稲穂の波に龍が戯れていたころ
私たちは　その手で風をつかむことが出来ました
それは　空と海の重なるところからやって来る
鳳凰の羽ばたきの祝福でした

そう　生命は称え合っていたのです

かつて　あらゆる存在が虹の音を奏でていたころ
私たちは　光の言葉とともにありました

それは　時空の交わりから生まれた数多(あまた)の星からの贈り物でした
そう　生命は称え合っていたのです

天からは絶え間なく甘露の水が降り注ぎ
地には幾万里にも及び　宝珠の花が咲いていました

龍が戯れ　鳳凰が舞い　音と色が光を寿(ことほ)ぎ
天と地は　たおやかに繫がっていたのです

そう　弥栄(いやさか)を称え合っていたのです
生命という弥栄を……

この美しき日（霊(ひ)）の本の叡智を
その永久の弥栄を
今ここに皆様とともに、ことほいで参りたいと思います。

悟りや覚醒を超えて……

世界にとって不思議なことは日本人にとって当たり前

平成二十三年三月十一日、東日本大震災が発生しました。東北各県の太平洋沿岸部を襲った津波は、すべてを呑み込み、押し流し、自然の猛威を見せつけました。被災地のビルは押し流され、水の引いた田畑は泥に覆われ、多くの方が亡くなりました。余震の続く中、都心でも公共交通機関が麻痺し、多くの方が帰宅困難な状況に陥りました。

瞬く間にコンビニエンスストアや商店の食料品は売り切れていきました。その最中、食料を求めて立ち寄ったお客さんたちは、整然と列を作ってレジの順番を待っていました。そこに混乱はなく、秩序が維持されていました。

停電によって交通信号機が表示をしなくなり、一部事故もありましたが、警察官の誘導と互いの譲り合いによって大きな混乱は生じませんでした。

この様子が世界で報道されるや、「略奪は起きないのか？　どうして日本人は暴動を起こさないのか？」と驚きの声が上がりました。災害時に略奪や強盗が頻発するのは世界の常識だとか。日本にその常識は当てはまらなかったのです。

これは大災害時の話ですが、平常時であっても日本は海外の常識から外れていることが沢山あるようです。

たとえば、街角の小さなスーパーマーケット。歩道に面した軒先に商品を並べています。そこに店員さんの姿はありません。店員さんは、店の中でレジを打っているだけです。お客さんは、軒先の商品を持って店の中で会計を済ますわけです。これが外国人には不思議でならないそうです。

「どうして誰も盗んでいかないの？　私の国なら必ず誰かが盗みます。だから盗まれないように必ずお店の人が見ています。誰も見ていないのは信じられません」

さらに驚かれるのは自動販売機。外国の人から見たら、その中に商品と現金が入った箱なのだそうです。外国だったら必ず壊されて現金を盗まれるであろうとのこと。無人販売所が成立するのも、外国の人々にとっては奇跡なのかもしれません。

諸外国では、「物を盗んではいけない」というのは、宗教が教えるものという考えもあるようです。キリスト教でも仏教でも盗むなという教えがあります。

しかし日本では、「盗むな」という教えが宗教的な意味合いで語られることはほとんどありません。宗教以前に、「それはいけないだろう」と誰もが思っています。宗教心の強い国の人にとっては、宗教意識が希薄な日本で、どうして「盗むな」という教えが浸透しているのだろうと不思議に思われるようです。

神道は宗教なのか

日本人は自分を「無宗教である」と思っている人が多いようですが、海外で「あなたの宗教は何ですか?」と聞かれて困った経験のある方も多いのではないでしょうか。

その際に「自分は無宗教です」と無邪気に答えると、白い目で見られたり、何をするかわからない人間だ、と怖がられたりします。それで仕方なく、「仏教だ」とか「神道だ」と答えても、「仏教はどんな教えか」とか「神道はどんな教えか」と聞かれると答えに窮してしまう。そんな方もいるでしょう。

身近にはあるものの、よくわからないという意味では、仏教も神道も、そう変わりがないものとして理解されている方もいるかもしれません。

このように、神道は仏教と並べて取り上げられることがありますが、この日の本の国に自然ながらに育まれてきた「神ながらの道」、つまり「神道」は「宗教」なのでしょうか。

はじめに、このことを考えてみましょう。

多くの宗教は仏教、儒教、道教、キリスト教、ユダヤ教、イスラム教のように「○○教」と言います。

しかし、神道は、神「教」とは言いません。神「道」です。ちょっとした違いですが、なぜ「教」ではなくて「道」なのでしょうか。


そもそも「宗教」という言葉は、Religionの訳語として明治以降に定着したものです。複数の宗教をひとくくりに語れる言葉が生まれるためには、複数の宗教を比較検討しない限り無理でしょう。

つまり神道は、宗教という言葉ができるよりも前からあったということです。西洋人がヨーロッパ以外の世界を見て、各地の信仰と出会い、それらを分類整理し、一般名詞として「宗教」という言葉でくくったのです。そのくくりに果たして神道は適合するのかどうか。ここが問題です。

Religionとはラテン語を起源とする言葉で、もともと「神と再び結びつける」という意味です。この定義だけをみると、神道は「宗教」であってもおかしくありません。何といっても神道は、神ながらに生きる道であり、神ならいして生きる道です。ついつい日常生活に流されて生きていても、神社を訪れ、身を清めお参りをすることは、「神と再び結びつく」行為と言っても良さそうです。

ただし、宗教の定義にもいろいろあって、語源を紐解いたから良いというわけではありません。「宗教」には広い定義から狭い定義まで、論じる人の数だけ定義があるからです。すべての定義を検討することはしませんが、仏教やキリスト教と聞いて私たちがイメージする「宗教」と神道は、果たして同じなのか。これについて検討してみましょう。

まず、仏教やキリスト教などに代表される宗教に共通する要素は何でしょうか。それぞれ時代も地域も違いますが、共通する要素を挙げてみます。

・教祖・提唱者がいる。（仏教は仏陀、キリスト教はイエス）
・戒律がある。（仏教の五戒、ユダヤ・キリスト教の十戒など）
・教義・教典がある。（仏教経典は多数。キリスト教は新約・旧約聖書など）

一般に仏教やキリスト教など、特定の誰かが教えを説き広めた宗教を創唱宗教と言います。

右に挙げた三つの要素は、創唱宗教の要素ともいえます。順番に見ていきましょう。

まずは「教祖・提唱者がいる」。

仏教にはゴータマ・シッダールタ、キリスト教にはイエス・キリストがいます。神道はどうかといえば、教祖はいません。

天地開闢とともに天之御中主神（あめのみなかぬしのかみ）が生まれたと『古事記』には書かれていますが、天之御中主神が教祖というわけではありません。同じく伊勢神宮の内宮にお祭りされている天照大御神（あまてらすおおみかみ）も開祖でも教祖でもありません。

さらに神道は、いつから始まったのかもはっきりしていません。神道はいつの間にか、この日の本の国に生まれ、名も知らぬ多くの人々によって、大切に育まれてきました。教えを立てた人がいないので、神教ではなく、神道というのです。

次に「戒律がある」。

仏教もキリスト教も戒律があります。

東南アジアのミャンマーには、熱心な上座仏教徒が多く、ほとんどの人が仏教の五戒を知っているそうです。

仏教の五戒
一．不殺生戒（殺してはいけない）
二．不妄語戒（嘘をついてはいけない）
三．不偸盗戒（盗んではいけない）
四．不邪淫戒（姦淫してはいけない）
五．不飲酒戒（酒を飲んではいけない）

在家の立場で守るべきルールなので、お酒を飲まないミャンマー人は沢山います。さらにお坊さんともなると、出家者として二百を越える戒律を守って暮らしているそうです。

その点、神道にはこれといった戒律がありません。祭礼・儀式における作法や手順などはありますが、守らなかったら罰せられたり、戒律を守る者が信徒であり、守らない者は信徒ではないと区別をするような戒律はありません。

そして「教義・教典がある」。

仏教には無数の仏典が遺されています。キリスト教には聖書、イスラム教にはコーランがあります。そこには教義が書かれ、物事を判断する際の基準になっているとされ、重要視されています。神道には、『古事記』や『日本書紀』など神話から歴史の始まりを記した「神典」はありますが、教義があるわけではありません。

神道には教祖も、戒律も、教義もありません。キリスト教や仏教と同じような創唱宗教ではないのです。では一体何なのでしょうか。

清浄を旨とする

サッカーのワールドカップ、ブラジル大会でのこと。日本から応援にやって来た、日本人サポーターの行動が話題になりました。試合終了後のスタジアムのゴミを拾う姿に、世界が賞賛の声を上げげたと報道されました。

ただし、現地のブラジルでは、賞賛と同時に「観客によるゴミ拾いは清掃業者の仕事を奪うことになるから迷惑行為だ」という意見もあったようです。ブラジルに限らず、国によってはゴミを道ばたに捨てるのは、清掃業者に仕事をつくってあげているのであって、悪いことではない、という考え方もあるようです。

日本人にはこの発想はありません。日本では、清掃業という職業は立派に存在していますが、その一方で、街の清掃だとか海辺のゴミ拾いだとか、清掃にまつわるボランティアをしている人も沢山います。

そういうボランティアの人を見たときに、「お疲れ様です」と労いの気持ちを持ちこそすれ、プロの清掃業者の仕事を奪っていると考える人は少ないのではないでしょうか。

また私たちは、人を評価するときには、「あいつは汚い奴だ」と言ったり、政治家が「クリーンな政治」を掲げたりします。きれいであること、清潔であることが判断の基準にもなるのです。

清浄を重んじる、このような発想は何に起因するのでしょうか。

手紙の宛先を書くときに

手紙を書くときに宛名はどこから書きますか？　ハガキであれば、まず郵便番号を書くでしょう。そして都道府県、市区町村、番地、建物名、その次に名前です。まず大きなところから書いていき、最後に人名を書きます。名前も、姓、名の順番です。姓は氏を表し血縁集団、家族の名称です。どの家族の誰なのか、それが姓名という順番です。

自己紹介はどうでしょうか。ビジネスマンなどの場合、「〇〇株式会社の□□です」というように企業名や部署名を言ってから、自分の名前を名乗ります。

日本人は、まず全体を先にし、その次が自分、と発想します。これに対して欧米人は、ファーストネームが先で、ファミリーネームが後という表記が普通です。手紙の宛先も、名前が最初にきて、その後に番地、地名、国名という順番です。まず個人があるというのが、欧米人の思考法です。

このように、日本人の宛先の書き方や自己紹介の仕方には、個を超えた全体を意識し、個は個でありながらも全体とつながっているという意識が表れています。

お辞儀

この日の本の人々は、古くから礼節を重んじていた人ということは、かの大陸の歴史書にも記されているところです。

『倭国伝』(藤堂明保・竹田晃・影山輝國全訳注　講談社)より、該当箇所の読み下し文と訳文とを合わせて紹介します。

『後漢書』の東夷列伝、「倭」の章には、次のように書かれています。

「俗は徒跣し、蹲踞を以って恭敬となす。(一般に、皆はだしで歩き、目上の人に対するときは、蹲踞の姿勢をとって敬意を示す)」

「又俗は盗窃せず、争訟少なし。(また一般に、泥棒がおらず、争いごとも少ない)」

卑弥呼に関する記述で有名な、いわゆる魏志倭人伝、『三国志　魏書　烏丸鮮卑東夷伝』の「倭人」の章には、

「大人の敬う所に見うときは、但手を搏ちて以って跪拝に当つ。(敬意を表すべき偉い人に出会うと、拍手をして跪拝の代わりにする)」

と、記されています。

時代は下って江戸時代などに日本を訪れた欧米人が、日本人の礼儀正しさに驚いたという記述も沢山あります。

日本人は、昔から互いに頭を下げて、相手の徳を敬うということをしてきました。道すがら行き交えば「おはようございます」と頭を下げ、何か物をいただけば「ありがとうございます」

と頭を下げます。退室するときにも「失礼いたします」と言って頭を下げます。

己の頭を相手よりも下げて、相手の徳を称える文化。それは具体的に相手が何か素晴らしいからするのではなく、誰に対してもするのです。その行為の奥には、どのような意識が潜んでいるのでしょうか。

神ながら意識

他の国の文化と比較してみると、どうやら日本人の発想や行動様式はちょっと変わっているようです。現代人にとって、昔の日本人はだんだんと理解できなくなってきているかもしれませんが、それでも脈々と受け継がれているものがあります。それこそが本書でご説明していく「神ながら意識」なのです。

これから、私たちが見失いかけている「神ながら意識」とは一体何なのか、「神ながらの道」、すなわち「神道」とは何かを、一緒に見ていきたいと思います。

第一章

うれし楽しの道——一即多・共存共栄の心

覚醒と悟りと救済

本書の冒頭で、「悟り」や「覚醒」などという概念は、古代日本人にはなかったということを書きました。ここでは、もう少し「悟り」や「覚醒」といったことを掘り下げて考え、「神ながら意識」とどうつながるのかについて説明していきます。

「覚醒」とは、「目覚めること」です。迷いのまどろみの中から、真理に目覚める。真実に気づき、悟りを開く。そういった意味で「覚醒」という言葉が使われています。この「覚醒」を目指す方法として、修行をしたり、指導を受けたり、学んだり、瞑想したりと、さまざまなやり方があります。いずれにしろ、現在「覚醒」していないので、「覚醒」というものを求めるもののようです。

ところで、人はどうして「悟り」を求めるのでしょうか。たとえば仏教では、この世は苦しみしかないという世界観を持っています。その苦から解放されるために悟りを求めます。特に仏教成立時代においては、人は輪廻転生を繰り返す存在であるという認識がありました。個の意識は、転生したら動物に生まれ変わるのか、神に生まれ変わるのかわかりません。儀礼と祭式によって、次の世への転生を願うというのが宗教の在り方でした。

後に仏教はそれを否定し、輪廻からの解脱を説きました。中でも「空」という論理を打ち出し、この世のすべてに実体はなく、その真理を悟れば輪廻から解脱できるという教えを展開しました。

この「覚醒」には、自力による解脱と他力による救済という考え方があるようです。

自力による覚醒とは、神との合一。大衆から個として独り超越すること。超常能力を身につけたり、安心を得、迷いを断ったりすること。

伝統宗教で言えば、東南アジアに広がる上座部仏教、ヨーガ行者など、新しい宗教でも苦行を旨とするところは自力による解脱を説きます。

他力による救済とは、自力で「超越」し「解脱」し「悟り」を得るのではなく、他力による「救済」を望むこと。私たち人間はちっぽけな存在であるから、大いなる存在に救済されなければならない。そのためには、戒律や神との約束を守らなければならないという生き方です。自力よりも他力による救済に主眼を置く考え方です。

日本でなじみの深い伝統宗教で言えば、浄土教系の教え。南無阿弥陀仏と唱えれば、死後に阿弥陀仏の極楽浄土へ往生できるという教えが他力による救済です。

自力と他力に分類してみましたが、両者は融合している場合もあります。たとえば、自ら修行し超越して他者を救済するとか、救済された後でさらに他者を救済するとか。あるいは自らは修行できないが、自力修行者の功徳を授かるためにお布施をするとか、他力による救済を布教することが修行であるという場合もあります。

このように「悟り」や「覚醒」、または「救済」、あるいは「自力」や「他力」と一口に言っても、その意味はさまざまです。

共通するのは特権的な情報

自分は「悟」った。

自分は「覚醒」した。

自ら宣言される方もいますし、「あの方は悟った」とか「あの方は覚醒した」と評価したり宣伝したり、信奉したりする方もいます。

共通しているのは、自分だけが「この情報を知っている」として情報が発信されることです。情報の源泉がどこなのか、確かめもしないで発信する場合も多いようですが、その情報の内容は「これをしなければ覚醒できない」「これをしなければ救済されない」という、「条件つき」の覚醒や救済だということです。

しかし、「自分だけが特別だ」とか「自分だけが真理を知っている」とかと思えること自体、分離意識・自我意識の中にあるのです。私たちは分離意識から逃れることはできませんが、分離意識を通して普遍意識を顕現させることは可能です。普遍意識を知ることこそ、悟りと呼ぶべきでしょう。自分だけがすごいということは、いまだ分離意識に支配されているからで、それは悟りとは呼べません。

普遍意識が顕現したときには、みんな、すべてが神なのだと気づき、ただひたすら有り難いと感じるはずです。そして、こんなに素晴らしい神の世界に、己を捧げざるを得なくなるのです。

これまで、歴史上にマスターと呼ばれる方々が現れ、普遍意識の顕現を体験し、奉仕者として、全体への大いなる貢献を果たしてきた真人(まひと)がいたのは事実だと思います。しかし一方で、「覚醒」や「悟り」という特別意識の迷妄の世界の中から抜け出せないままの宗教者がいたのも事実です。

「覚醒」や「悟り」を求める人が、「悟ってやろう」とか「秀でてやろう」とか、己だけ精神的な高みに到達したいと強く願い修行などをしていくと、自然と自己と他者を分けて考えるようになります。他者から自己を切り離すと、かえって分離意識が強化され、自己と世界・宇宙は切り離されてしまいます。そうすると、他者の及ばぬ高みを目指してしまい、他者を遙かに見下ろす心が生まれ、迷妄の世界の中に埋没していくのです。

ある男が山での修行を終え
里に降りて来ました
彼は　自分は悟ったのだと
思いました
彼は　自分が悟ったと
人々に言いました

彼は　悟った自分と
まだ悟っていない人々とを
区別していました

彼は　何故か他の人々の
苦しみばかりが見えました

彼は　自分を　人々に悟りと
気づきをもたらす人間であると
思いました

彼は　自分が悟っていることを
人々にわかってもらおうとしました

彼は　人々に　自分が悟った
そのやり方を
そのまま教えようとしました
彼は　悟ったその状態に
しがみついていました・・・

神道は「悟る」かどうかを問題にしない

私たちは、「悟った」か「悟っていない」かということで区別されなければいけないのでしょうか。

あるいは、私たち人間は誰もが悟りを目指して生きるべきで、悟って大きく変化しなければならないのでしょうか。

「悟った」と決めつけた瞬間に、「悟らない」または「まだ悟っていない」という対立概念が生まれてしまいます。

「悟らなければならない」とするならば、まだ悟っていない人は早く悟らなければなりません。悟った人はそれで一丁上がりなのか、あるいは悟っていない人を教え導くべきか、それとも本人の自助努力を尊重してじっと見守るべきかという問題も出てきそうです。ここには、自他の分離、区別や分別する意識が生まれています。

神道では、このような意識状態を好みません。

「悟り」は、到達すべき目標や修行の完成ということを意味しません。「覚醒」にいたるための修行という観念もありません。ですから「覚醒」も「悟り」も目指さないのです。

もちろん日常生活の中で、重大な気づきを得ることもあるでしょう。

そこで「悟った！」と思ったとしても、だから偉いとか、すごいということではありません。淡々と気づきを受け止めて日常に活かしていけば良いだけで、それを誇る必要もなく、卑下して隠す必要もありません。

もしも「悟った」という感覚に酔い、誇示したり自慢するようなことがあったらどうでしょうか。それは自分の体験への執着です。執着は「気掛かり」の最たるものです。まさに自分の「気」がその思いに滞留し、固着した状態が生まれます。このような気の固着した状態は、本来の活発で晴れ晴れとした生命の在り様とは逆の状態で、これをケガレ（気枯れ）と呼んでいます。

神々は、ただただ弥栄（いやさか）のために働いておられ、その天地創造のお働きの中には、傲り高ぶり、自慢、体験への執着はありません。私たちも、その神々の在り様に神ならいし、もしケガレが生じたら、そのたびに禊祓（みそぎはら）いし、天晴れと何度でも出直し、弥栄のために、傍（はた）を楽（らく）にするために、八百万（やおよろず）の神の一柱の神として、自己を全体のために捧げていく……。そこには禊祓いする不断の心持ちがあるのみなのです。

禊祓いとは、気掛かりを祓い、神の分霊（わけみたま）である本来の自己に還るための、神ながらの道の中核をなす、知恵であり、実践の方法です。この禊祓いの概念や具体的な実践方法については、後で詳しく説明させていただきます。

神道という名称

本書のテーマは「神ながら意識」ですが、ここで言う「神」とは一体何なのでしょうか。江戸時代の国学者・本居宣長による「神」の定義を見てみましょう。

「さて凡て迦微とは、古御典等に見えたる天地の諸の神たちを始めて、其を祀れる社に坐す御霊をも申し、又人はさらにも云ず、鳥獣木草のたぐひ海山など、其余何にまれ、尋常ならずすぐれたる徳のありて、可畏き物を迦微とは云なり」（『古事記伝』）

意訳しますと「大概、神とは、『古事記』などの古典に見られる天上界と地上・地下の諸神をはじめとして、それを祀っている神社にいらっしゃる御霊のことでもあり、人間は言うまでもなく、鳥獣などの動物や山川草木も神であり、とにかく尋常でないほど卓越した徳があって、畏れ多いものを神と呼ぶのだ」となります。

日本人の心をうまく表した神の定義です。あらゆるものの中に畏れ多い霊威を見出して、神と仰いだ。人格のある神様だけではありません。あらゆるものに見出されるもの。それが神なのです。

文献の中に「神」が登場するのは、最も古くは『古事記』や『日本書紀』です。さらに、「神ながら」という言葉が出てくるのは、『日本書紀』の孝徳天皇三年の次の記述だといわれています。

惟神（惟神は神道に随ふを謂ふ。亦自ずからに神道有るを謂ふ）も我が子治らさむと故寄せさせき。是を以て、天地の初めより、君臨す国なり。

という天皇の詔の言葉の一節です。割注（カッコ部分）で、惟神という言葉の意味を補足しています。

「神の道に随い」あるいは「自ら神の道にある通り」、天照大御神が我が子に葦原中国、つまり日本を治めさせるとおっしゃったので、天地開闢以来、天皇の治める国なのだ、という文章です。

「神ながら意識」は、神の道に随い、神ならいする意識のことです。「ならい」とは「習い」、または「倣い」という意味ですので、神のように生きる意識のことです。つまり「神ながらの道」とは、天照大御神や八百万の神々、さらには宇宙の根源をなす、神さながらに生きていく道という意味です。

八百万の神ですから唯一絶対の神のように生きる、というわけではないところが創唱宗教とずいぶん違うところです。同時に八百万の神は天之御中主神（あめのみなかぬしのかみ）から産霊顕（むすびあらわ）れたので、神ながらとは「天之御中主神ながら」ということも暗示していますし、「天照大御神ながら」という意味でもあるのです。

八百万の神にはまたそれぞれのお働きがあり、同じように、人にも一人一人の生き方があります。神ながらの道は、生き方の多様性、そして普遍性と、その同時の在り様を示しています。一人一人の生きる道であり、そしてそれは宇宙根源の道でもあるのです。祖先が天地とつながり、響き合いながら大事に育んできた自然ながらの道のことを指しています。

道

古代日本語の「みち」は、聖なるものを称える接頭辞「み」と、霊威（霊の威力）を表す「ち」とが組み合わさった言葉です。

「ち」は霊威ですから、目に見えない霊威が形を成すとき、稲光と雷光に姿を変えれば、「いかづち（雷）」となります。神の息吹によって風が起これば、「はやち（早風）」「こち（東風）」など、風となりました。

「ち」は霊獣に姿も変えます。須佐之男命（すさのをのみこと）が退治する「八岐大蛇（やまたのおろち）」の「ち」も、この霊威としての「ち」です。

「霊威」とは神のエネルギーです。生命そのものでもあるので、体内を流れる「血」も「ち」であり、母の生命エネルギーである「血」が変じて、子を育てる「乳（ちち）」になります。すべて「ち」の現象に現れたものなのです。

その霊（ち）の行き交う場所が「聖なる霊威の通い道」という意味で、「道」とされました。「神ながらの道」とは、「神さながらに生きるエネルギーであり、エネルギーが行き交う道」なのです。

神ながらの道は、自然ながらに、はじめからそこに存在しています。最も古くて最も新しい道です。

どこまでも続く道なので、始まりもなく、終わりもありません。いつからあるのか、あるいはこの先どうなるのかについては、誰にもわかりません。すなわち未知なる道であり、私たち一人一人が自らの足で歩いて行く道、永久（とわ）の創造の道なのです。
同時に、今ここが始まりであり終わりでもあります。これまで歩いてきた道のりの終点が、今ここであり、同時にこれから始まる未来の出発点でもあります。それはまさに永遠（とわ）の巡りであり、弥栄であり、最も古くて最も新しい道なのです。

産霊（むすび）……対立のない世界

春になると桜の花が咲きます。桜の木のどこを切り取ってみても、桜の花の成分は見当たりません。しかし、春になり、ある時期がくると桜の木に花が咲きます。何もないところから自然発生しています。これを「産霊（むすび）」と呼んでいます。花は産霊によって自然発生しているのであって、誰も作っていません。

そもそも神々も誰かによって作られていないということを、『古事記』は教えてくれているのです。古事記の冒頭に、「天地初めて發（ひら）けしとき、高天原（たかまのはら）に成れる神の名は、天御中主神」とありますように、神は宇宙とともに生まれたのであって、神と宇宙とは別物ではありません。

神は宇宙と同時に現れたのです。そして、天地開闢から次々に神が生まれていきます。この神が生まれ出てゆく様に代表される活動を、「生成化育」と言います。「生まれ、形を成し、変化し、育つこと」です。私たちもまた神から生まれたのです。

この世界は、誰かが作ったのではなく、神も人も自然に発生し、産霊の働きによってあらゆる生命はいよいよ栄えていくのです。私たち一人一人も親から生まれこそすれ、誰からも作られてはいません。作ったもの、作られたものなどの対立がないのです。

産霊によって自然発生する。これが日本古来の宇宙観なのです。

いやさか

生成化育は神ながらの道において、中心的な概念です。

それは「いやさか」という言葉でも表されます。

「いやさか」とは、漢字で書けば「弥栄」です。「いよいよ栄え、ますます繁栄する」という意味です。

物や事が生まれ、変化を伴いながら成長していくこと。それが「いやさか」です。その状態は、生命力に満ち、堂々としていて、晴れやか。澄みわたる秋の空のように天晴れ(あまはれ)た状態、つまりあっぱれな状態のことです。エネルギーが満ち溢れ、生命力が顕現した在り様です。家族の繁栄、子孫の繁栄、村や共同体の繁栄、国家の繁栄、世界の繁栄など、すべてが「弥栄」です。増殖・拡大・繁栄・喜び・笑いなどは、「弥栄」がこの世に顕現した姿です。

神話に描かれた神様は、常に立ち働き、常に宇宙を生成化育していっています。すべて「弥栄」を体現していたのです。

神々もそうしているように、天地万物すべての「弥栄」のために、休みなく働く。それが神ながらの道です。

神とは「働き」、つまりは宇宙の働き、自然の働き、生命の働きのことと言っても良いので、私たちもまた、他のために働く、つまり傍を楽にする。その働いている姿それ自体が神の現れなのです。

ここには「悟る」とか「悟っていない」などという区別はないのです。神を評して「悟る」とか「悟っていない」という言い方はしないように、神から生まれた神である私たちも「悟る」とか「悟っていない」という区別はありません。あえて「悟る」という言葉を使うとすれば、弥栄のために日々働く私たちは、むしろ「神さながらにすでに悟っている」と言っても良いでしょう。

「死」について

では、弥栄の反対と思えるような、「死」とは何でしょうか。

生命の誕生が生成化育の始まりだとすれば、その反対の萎縮減退が「死」といえるかもしれません。

『古事記』を見てみると、黄泉（よみ）の国を訪れた伊耶那岐神（いざなきのかみ）は亡き妻、伊耶那美神（いざなみのかみ）の姿を見て驚きます。蛆がたかり、全身に雷がとどろいています。これに恐れをなした伊耶那岐神は逃げ出します。

この黄泉の国のくだりから、死者の穢れを忌避する起源を読み取る方もいるかもしれません。しかし、「ケガレ」は「穢れ」であると同時に、「気枯（けが）れ」です。気が肉体から枯れてなくなり、肉体的な活動を停止するのが死だといえます。

伊耶那岐神は妻の死を悲しみ、とてつもなく大きな気掛かりを背負ってしまいました。伊耶那岐神は、この気掛かりによってまさに気が枯れ、本来は大いなる神であったにもかかわらず、妖怪・鬼の類のごときに追いかけられて死にそうな目に遭いました。

伊耶那岐神はこのことを大いに反省し、それを振り払い、禊祓いして甦り（黄泉帰（よみがえ）り）ます。このように、死そのものが穢れではなく、死と死者に対する恐れや悲しみなどの気掛かりこそが、ケガレ（気枯れ）なのです。

生命は栄えゆく場面もあれば、また死にゆく場面もあります。これは宇宙の生成化育そのものであり、どんな生命も免れることのない変化の過程といえます。

死は生によって支えられ、生は死によって支えられています。お互いが支え合っていて、そしてそれは巡りであり、だからこそ永遠なのです。

死そのものはケガレではありません。

神ながらの道では、死を恐れたり悲しんだとしても、変化の一局面だと捉え、死去することは「神去（かみさ）られる」とか「神上（かむあ）がりする」とか「お国替えされる」とかと言ったりもするのです。


これにちなんだエピソードをご紹介します。

私の合気道の師に佐々木将人（ささきのまさんど）先生がいらっしゃいます。すでに神去られましたが、とても度量の広く、豪快な方でした。先生は神道にも造詣が深く、山蔭（やまかげ）神道という神道の神官でもいらっしゃいました。私はご縁を戴き弟子となり、合気道の技のみならず、神の道、人の道について

恩師・佐々木将人先生と筆者。合気道四段允可のとき

とても多くのことを教えていただきました。

先生はまだお若い頃に、親しい友人を亡くされたそうです。そのとき、人の命のはかなさに心を痛め、悩みに悩んだそうです。いくら悩んでも悩みは解決せず、その当時師事していた中村天風（てんぷう）先生に質問したそうです。

「先生、人間死んだらどうなるのでしょうか？」

天風先生の答えは、次のようなものでした。

「そんなものは死んでから考えれば良いのじゃ」と一喝。佐々木先生がひるんだところで、もう一言つけ加えました。

「ただ、ひとつ言えることは、向こうの世界はとっても良いところなんじゃろう。誰も帰ってきた者がおらん」

この一言で、佐々木先生の悩みは一気に晴れたそうです。

中村天風先生は、「今」が大事なのだとおっしゃったのです。死んだらどうなるかをくよくよと心配するよりも、「現在を一所懸命に弥栄の気持ちで生きなさい。今できることはもっとあるはずだ。死は終わりではない。弥栄の一局面にすぎないのだ」ということです。これは、神道の死に対する考えをよく表しています。

死とは一見、萎縮減退に見える現象であっても、それはまた同時に、巡りという弥栄の顕現なのです。

花が散るのは
自然ながら
人に生死あるも
自然ながら
人が生まれて
ばかりで死なずば
この世は人が溢れて
収拾つかず
生死は巡りゆえ

死を忌みて怖れず
期限あるゆえ
物事を成せるを知り
その日その日を大切に
家　社会　国家　世界を
造り固めしていくが
日の本の民の心意気

一即多（いちそくた）と普遍意識

これまで述べてきたように、あらゆる生命は産霊顕れ、生まれ、私たちもまた神から生まれた神なので、私たち一人一人は神の分霊と呼ばれています。

一本のろうそくの火を、何本ものろうそくに分け移すように、神の御霊（みたま）を分け移されたのが私たちなのです。一つ一つのろうそくの火が元のろうそくの火と同じ火であるように、私たちもまた神と同じ御霊なのです。

八百万の神々もまた、八百万に分かれているようでいながら、同時に宇宙に最初に現れた天之御中主神と同じ御霊なのです。このようにすべての生命は、個であると同時に全体でもあるのです。

たとえば桜。桜の花は春になって一斉に咲き乱れます。花一輪一輪は個別の花ですが、元をたどれば一本の桜の木。同じ根を持ち、幹の部分ではすべてつながっています。花と幹の関係は、私たち一人一人と神様との関係と同じです。

この関係はまた、「一即多」とも表現されます。全体は大きな「一」でありながら、個々に見れば無数に分割された「多」であるということを表しています。

神は神でありながら、宇宙は宇宙でありながら、同時に神即天地、神即宇宙であり、神即我、我即宇宙であって、一即多なのです。個であると同時に大宇宙であり、拡散すると同時に凝縮しているのです。

全体とは宇宙全体のことであり、同時に宇宙の根源であり、中心のことでもあります。宇宙の部分を構成する個別の分離意識を包含したものです。個別の多様性を失うことなく、中心につながり、全体が一体となっています。つまりは、全体と部分が同時に存在しており、各々対立しているように見えて敵対しておらず、大和（だいわ）しているのです。宇宙森羅万象、個別と多様性を持ちながら、統一された有機体として、この世界を織りなしているのです。

もちろん、私たちはこの個としての肉体を持って生まれていますので、時には「自分は正しく、他人は間違っている」という思いに囚われることもあります。

しかしながら私たちは中心、そして全体とつながっていることを思い出すとき、己の責任に立ち戻り、感謝しながら全体の弥栄のために働こうという気持ちが呼び起こされるのです。

一即多ということを無意識のうちに知っているからこそ、私たちは「お先にどうぞ」と譲り合い、「お互い様ですね」と頭を下げ合い、私を二の次にし、相手を生かすということをごく普通に行うことができるのです。これはまさに、普遍意識の在り様であり、生かし合い、祈り合う、この日の本の当たり前の姿であり、それはまさに神ながら意識の顕れなのです。

しかし、「常に我慢」「自分は二の次」という意識がゆきすぎてしまえば弊害を生みます。「過剰なまでの滅私奉公」とか「会社人間すぎて家庭崩壊」とか「お国のために死ねと強要すること」などは、普遍意識の在り様とは異なるものです。

本来の普遍意識は、共存共栄です。全体のためならば、個人はどうなっても良いという考え方は共存共栄ではありません。

昔の商人は「自分だけ儲かれば良い」という考えは、滅びの論理であるということを知っていました。なぜなら、それは普遍意識に反した在り方であり、末永く繁盛する考えではないからです

いわゆる「売り手よし、買い手よし、世間よし」という「三方よし」の考え方は、まさにこの日の本の共存共栄の道、つまりは弥栄の道なのです。

神は「善」、人も「善」

旧約聖書をベースとする西洋の思想では、神と人との間に絶対的な隔たりがあると考えているようです。唯一絶対の神、ＧＯＤが六日間で宇宙・世界を創り、七日目に休息したとされています。

神が創ったということは、神は宇宙・世界の外にあり、はじめから神と宇宙・世界とは分離対立していたということになります。当然のことながら、神と人も分離対立しているので、神と人とは決して一つにはなれないのです。

このような世界観から善と悪、完全か不完全か、正しいか間違っているか、などの対立概念が生まれています。

神から創られた私たちは不完全な存在なので、戒律を守り、神に救いを求めて暮らしていかなければなりません。救世主が再び現れて、救われるか救われないか、選別されることにもなっているようです。神の国に生まれるためには戒律を守らなければならないのです。

これに対して神道は、善悪の区別・対立や罪の概念はありません。この世に生まれた生命に罪などあろうはずがないのです。罪がないので救済するという概念すらありません。従って、人を律する戒律などもありません。

「善悪の区別」というのはある基準に照らして、善か悪かを判断することです。人や時代や国や地域によって基準が変われば、何が善で、何が悪かも変わってしまいます。あらゆる価値や基準は相対的なものです。

本来、善も悪もないというのが神道の考え方です。

なぜなら、あらゆるものは神から生まれたからです。自然も、人間である私たちも、天照大御神、さらにさかのぼれば天之御中主神にまでつながる神なのです。

悪いことをした人は、何と言われるでしょうか？

「この、人でなし！」

と言われます。

悪いことをするのは人間ではない。ですから「人でなし」。人であったら悪いことをしない、という前提に立っていることが、こんな表現からも垣間見えます。

徹底的に性善説に立っています。

だからこそ私たちは、子どもの頃に親や先生からこんな風に叱られませんでしたか？

「そこに座ってよく考えなさい」

「胸に手を当てて考えてみなさい」

誰かに言われなくとも、何が「恥ずかしいか」「恥ずかしくないか」私たちの心はわかっているのです。自分の胸に聞いたらわかるのです。

「法律に書かれているからダメだ」とか、「法律をこのようにねじ曲げて解釈したから良いだろう」とか、「バレなかったら良いだろう」ということではないのです。

西洋思想であれば、神のみが人を許すことのできる存在なので、人は神に許しと救いを求めるほかありません。人は、自分で自分を許すことはできないものと考えられているのです。

しかし、この日の本の神ながらの道では、自らを省み、自ら気づき、自らを許していくのです。なぜなら、人は神から生まれた神だからです。

神ながらの道は、西洋人にとっての聖書のように、外部に絶対的な基準を持たず、絶えず変化する森羅万象を前にして、自らの内なる神に常に問い、適宜相応に答えを見出そうとしてきたのです。

根源から生まれ根源に還る

根源から生まれ、根源に還る。

神ながらの道では、この名づけようもない根源を、「ス」という言霊（ことだま）で表すことがあります。言霊とは、神の息吹のことで、神である私たちの言葉に宿る霊威のこと。ですから古来、この日の本の人々は「言即事（ことそくこと）」として、発した言葉は現実世界に影響を及ぼすと考えてきました。

根源を表す言霊の「ス」は、言霊元子（ことえのこ）とも呼びます。

この「ス」の言霊は、同時に一即多を表しています。「ス」は「素」であり、いのちを育む「巣」であり、澄むの「ス」、「統べる」の「ス」でもあります。日本語の中の「ス」のつく言葉に、「ス」の性格がよく表れています。

「すてき（素敵）」「すばらしい（素晴らしい）」「すにもどる（素に戻る）」「すがお（素顔）」「すぶり（素振り）」「すもぐり（素潜り）」「すばやい（素速い）」「すがた（姿）」「すあし（素足）」「すべて（全て、総て）」「すべる（統べる）」「すめらみこと（天皇）」などなど。

たとえば、「スナオ」という言葉。これは「素直」と書きますが、「ス」に直ることです。また「素」という字は、「主」の「糸」（意図）がまっ「直」ぐ降りてくる、つまり神人直結の姿を表しているかのようです。

経営の神様とも呼ばれた松下幸之助さんは、「素直な心になりましょう。素直な心はあなたを強く正しく聡明にいたします」と言っていました。

生きるか死ぬかの経営の世界で「素直さ」が必要だと言われると、ピンとこない方もいるでしょうが、神ながらの道の視点から見ればよくわかることです。

「スナオ」になるということは、一即多を生きることなのです。小賢しい己をいったん脇に置いて「ス」に直る。他人の言葉を素直に受け入れ、心の奥底にある自分の思いに耳を傾けることです。これは、全世界とつながった根源から生まれる叡智と活力を障害なく、滞りなく放出するということです。

私たち一人一人は、個人として存在し、分離してはいますが、常に心と己の姿勢を宇宙の根源である「ス」に合わせることが大事です。松下幸之助さんは、そのことに気づいていらっしゃったのかもしれません。

今でも宇宙には「ス」の音が鳴り響いているといわれています。高天原にあるさまざまな生命の種が、産霊(むすび)（モノを生み出す霊力）の作用によって今もなお自然発生しているのです。

神ながらの道では、私たちはこの「ス」から生まれ、「ス」に還り、そしてまた生まれ……。その永遠の巡りの中にあるとします。

たとえこの物質的な肉体が有限に見えても、その生命の本質は変化しながらも永遠であるということです。

この生命が永遠でなくて、「死んだらそれで終わりだ」ということであれば、未来のことなどはどうでも良いことかもしれません。しかし、この日の本の人々は、生命が永遠の巡りの中にあるゆえに、一即多であるがゆえに、この生命をより良き未来のために、弥栄のためにつないでいこうとしてきたのです。次の世代につないでいこうとするのは、己が「ス」に還ることを知っているからです。

子孫を残し、生命をつないでいく。思いをつないでいく。作ったものを次世代につないでいく……。祈りとともに、願いとともに渡していくのです。伝統とは、根源に生じ、始まったものを、後の世代に、未来に、「ス」につないでいくことでもあります。

永遠の時をかけて
私はここにやって来ました

遥かなる光とともに
数多の星を巡り
数多の音を奏で
数多の息吹を浴び

それが栄光であると知り
それが寿ぎであると知りました

そして私は還っていくのです
永遠の時をかけて

数多の星と
数多の音と
数多の息吹とともに

遥かなる光へ
遥かなる　ミ・ナ・モ・ト・へ
それは終わりなき
栄光と寿ぎの始まり・・・

愛が理解できなかった日本人

キリスト教がこの日の本の国に入ってきたときのことです。

宣教師が「汝の隣人を愛せよ」と教えました。しかし、日本人は彼らが何を言いたいのかわからなかったそうです。困っている人を助けるのは当たり前。お互い様の心。他人を思いやるのは当たり前ではないか、と。

キリスト教が「愛せよ」というときに、人と人とが分離しているという観念が前提とされていることを感じ取ったのでしょう。日本人は、分離感があまりなかったようです。我がことのように他人に施すのが当たり前の人間をつかまえて「汝の隣人を愛せよ」と言えば、きょとんとされるのは当たり前です。

一人一人が「ス」の根源とつながっていると深いところで知っていたからこそ、「みんな一緒」で、「お互い様」だと感じてきたのです。「お先にどうぞ」という言葉も根っこは同じです。一人一人が全体のために生きていたのです。

一即多という普遍意識こそ、神ながら意識であるということを述べてきました。普遍意識の反対は、分離意識です。私たち一人一人は、別々でばらばらに分離した存在であると捉える意識です。現代の個人主義というのは、この分離意識に基づいています。

では、分離意識を持つことがいけないのかというと、そうではありません。私たちが個別の分霊として生まれてきているのは見ての通り事実です。それは、分離することによって多様性を体験し、知るためにも必要なことなのです。すべてが一つのまま動かなければ多様性は生まれようがありません。産霊の力が発現しないのです。

天地が分かれ、神々が生まれ、多様性が開花したことによって、全体と中心をよりいっそう深く知ることができるようになったのです。分離しながら、同時に全体であるということを知るために、私たちはあえて分離した生(せい)を生きているのです。

共存共栄

「弥栄」「共存共栄」というのは宇宙の運動の本質です。自然界も共存共栄で成立しています。西洋思想から生まれたダーウィンが提唱した進化論は、自然界は弱肉強食・適者生存の原理であり、共存共栄とは正反対の考え方です。弱肉強食は滅びの論理です。

自然界には、動物や植物たちの棲み分けのネットワークができているそうです。森に過密な植林をすると、適正な間隔をとるように木々が調整を図るようです。植物と昆虫との共生、食物連鎖に示される生物のネットワークは単純な弱肉強食ではなく、相互に依存し、共存共栄しています。

地球の生態系で生きていくためには、真の共存共栄しか方法がないといっても良いくらいです。

神ながら意識は、共存共栄の意識です。

弥栄とは、ますます発展していくことです。しかしそれは同時に、ありがたいことなのです。

つまり「有り難い」こと、あり得ないほど奇跡的なことです。当たり前ではありません。

たとえば、人は出会い結婚し、子どもを授かります。子孫繁栄は弥栄の最たるものです。妊娠は、玄妙なる産霊の力なしにはあり得ないことです。さらに、人が一人生まれるとなれば、これまた幸いなことです。これを「有り難いこと」と言わずに何と言うのでしょう。

夜、何の心配もなく眠れ、朝目覚めることができるならば、それは幸せなこと。たとえ隣近所の人と何の接点も持たなかったとしても、諍いもなく平穏無事に暮らせているとしたら、それも「有り難い」ことです。

大震災などが起きたとき、電気や水道が何の支障もなく利用できることのありがたみを嫌というほど思い知らされました。水道の蛇口をひねれば水を飲めること自体、「有り難い」ことです。

そのように考えていけば、私たちが日々生きていけることや普通に呼吸できていること自体、当たり前ではなく、奇跡的に「有り難い」ことなのだと実感するはずです。

ましてやそれが弥栄であったとしたら、本当に「有り難い」ことで、唯々（ただただ）有り難いと感謝し、祈り、さらに弥栄であろうと、日々新たに、努力精進、創意工夫、禊祓いを繰り返していくのです。

切磋琢磨と努力精進

真の共存共栄を生み出すのは並大抵ではありません。だからこそ人は切磋琢磨、努力精進を重ねるのです。

共存共栄の原理は、競争原理と根本的に発想が違います。

競争原理は、競争し、勝者と敗者が決定し、勝者が生き残り、敗者が消滅していくことを良しとする考え方です。市場原理というのも、経済の市場において競争原理を徹底しようとする考えです。勝者が生き残ればそれでいいという考え方です。

共存共栄は、勝者と敗者をつくるための戦いではありません。自分のみの幸せは弥栄ではありませんし、自分が不幸で全体のみが幸せを享受するのも弥栄ではありません。共存し、ともに栄えること。ともにいよいよ栄えるための切磋琢磨であり、努力精進することで皆ともに勝者となることが共存共栄です。

切磋琢磨とは、互いに高め合う考え方です。敵を倒すとか、つぶすとかという考え方ではありません。企業間の競争も個人間の競争も共存共栄の切磋琢磨であるなら、どんな姿になるでしょう。

たとえば、一社が技術を独占していたところ、競合他社が類似技術をもって市場に製品を投入してきたとしたら、もともとの企業は面白く思いません。それは心情として当然です。

しかし、競合他社が出てきてくれたおかげで、もともとの企業はよりいっそう技術を磨くことになるでしょう。競合他社は、さらにその先を目指して技術を磨くに違いありません。この状態は、企業にとってもお客様にとっても、いよいよ栄えている状態ではないでしょうか。競合がなければ、技術は進歩せずに停滞していたかもしれません。より良き未来の弥栄のために、いよいよ切磋琢磨して、いよいよ栄えゆく。企業間の競争もたたき合い、つぶし合いではなく、祈り合い、称え合いであっても良いのではないでしょうか。

少し前に放映されたテレビ朝日開局五十五周年記念のテレビ時代劇『宮本武蔵』で、印象的なシーンがありました。

木村拓哉演じる宮本武蔵と沢村一樹演じる佐々木小次郎が、巌流島の決闘に挑もうとしているときに、この二人の戦う意義を香川照之演ずる沢庵和尚が説いているシーンです。

閉じた扇子を示しながら、沢庵和尚が又八に語ります。

扇子を人類の持っている可能性にたとえるなら、閉じた扇子は、将来伸びうる可能性を表す。

それは将来に向けた現在の蓄えでもある。人類のうち誰か一人が個人の限界を超えたときに、人類としての可能性の蓄えが増加する。それは扇子を開くようなもの。

武蔵と小次郎は、これから行う一戦で何度も己の限界を超えるだろうと予言し、そのたびに人類全体の可能性が増大する。

そんな説明をする場面でした。

このシーンを見ながら、まさに弥栄のために切磋琢磨することの意義を説いている、と思いました。一人一人が互いに切磋琢磨して自分の限界を超えることは、人類全体の限界を大きく広げることであり、人類全体の弥栄のためになっているということなのです。

これは、まさに神ながら意識の世界です。

神ながらの道は普遍の道でもあります。この切磋琢磨の神ながら意識は、スポーツの世界にも見ることができます。

それまで想像もできなかった技も、一人ができるようになると一気に他の選手もできるようになります。選手個人が己の限界を超えることで、人類全体の記録を塗り替えていきます。チーム競技にしても、それぞれが創意工夫をして戦法を編み出し、切磋琢磨していく。決められたルールの中で切磋琢磨し、そのスポーツならではの技術が発達し、人類の限界を超える妙技が生まれてくるのです。限界を限りなく超えていくことは、まさに「弥栄」です。

それを世界的な規模で起こしているのがオリンピックだともいえます。

二〇二〇年には二度目の東京オリンピックが開催されるようですが、このような意識を持って取り組むならば、オリンピックは世界規模の「弥栄」の祭典となることでしょう。

科学技術の競争もしかり。宇宙開発競争もしかり。企業間の競争もしかり。皆、切磋琢磨し合っています。一研究者、一企業、一国家の新しい発明や発見が、人類の限界を無限に押し広げていくのです。

これらすべての現象の中に、神ながらの道が息づいているかのようです。神ながらの道は日本に限定されるものではなく、普遍の道である証です。

ことに、この日の本の人々はそれを当たり前のこととし、同時に有り難いことと受け止めて、自然ながらに歩んできたのです。

弥栄と渦の意識

対立というのは直線の思考です。真正面からぶつかり合うという考えです。衝突すれば傷つけ合い、消耗します。力の強いものが勝ち、力の弱いものは負けるのです。

神ながらの道は、衝突し消耗する直線的対立の文化ではありません。対立が生まれそうになっても、直線的に対立することを避け、渦を起こして巻き込んでいきます。それが神ながら意識の知恵です。

渦とは、円であり回転であり、円が動き始めると渦になり、螺旋（らせん）になります。渦と螺旋を真上から見下ろせば、円になります。

渦は曲線でありぶつからず、立場も思想も行動も、あらゆる多様性を認めて呑み込んでいきます。銀河系も渦巻き、宇宙も自然も皆、渦でできています。

神ながらの道は、そのような渦の意識を大切にしています。対立を無対立にしていくための努力精進、創意工夫により円の動きから渦の動きに転換し、自他ともに弥栄を実現しようとします。

日本の神ながらの道のみならず、古代の人々は皆、渦の思想で生きてきたのかもしれません。

もはや絶滅してしまったケルト文明も、渦の文様を採用していました。世界各地の古代文明には渦の文様が残されています。古代人たちは、高度な天体望遠鏡など持ち合わせていなかったにもかかわらず、宇宙は渦でできていることを直感的に把握していたかのようです。

縄文時代の土器の文様は渦を巻いています。当時の人々は、渦の意識という神ながらの道の原点を生きていたようです。縄文時代の遺跡を発掘すると、ほとんど争いがあった形跡がないそうです。それは、発掘された遺骨に戦闘による傷や怪我の痕などが、ほとんど見られないからです。

むしろ、体に障害を持つ人が、長い年月生きたと思われる遺骨が発見されていると聞きます。それは、障害を持つ人でも生きられるように、助け合って生きる共同体があったということでしょう。対立せず渦を巻いて和をなすという、神ながらの道を自然ながらに生きていたことが想像されます。

渦の意識で生きていた縄文人は、豊かな自然との共存を前提とするため、所有という概念がありませんでした。

縄文人は、あとからやって来た弥生人とも長い年月をかけて融合していきました。その過程で、「争わずに和合する」という文化を育んでいったに違いありません。

聖徳太子の十七条憲法には、「和をもって貴しとなす」という条文がありますが、聖徳太子の生きた年代は六世紀末から七世紀初めです。その頃には、すでに「和」の文化があったのです。さらに『古事記』が文書として成立するのは和銅五年、西暦七一二年です。一万年以上の年月をかけて「争わず和合する渦の意識」、「神ながらの道」が育まれていったのです。

神ながらの道が息づく日本は、この和ということを尊んできました。

円＝丸は自由であり大和の心を表しています。大和という漢字を当てられている「やまと」という言葉は、「いよいよまとまる」という意味の言葉だという説もあります。円の動きが渦を生み、異なる意見を持つ人々がいよいよまとまった。そのクニの名が「やまと」だということです。

やまとは国のまほろばたたなづく青垣山隠れる（あおがきやまごもれる）やまとし美し（うるはし）

と歌ったのは、景行天皇の御子の倭建命（やまとたけるのみこと）です。勇猛で名を馳せた倭建命が熊襲と出雲の征伐を終え、東国を平定してから三重まで戻ってきたときに、故郷を思って「大和の国は美しい理想郷だ」と歌ったものです。諸国を平定し、国がいよいよまとまるという未来に向けた、祝福の言霊でもありました。

過ちを犯すことも自然ながら

人は神と同じく完全円満です。そして同時に、生成発展していく存在です。神は完全円満で動かず、止まっているわけではありません。常に生まれ、常に動き、常に変化し、常に発展しているこの世界と同様に、神も私たち人間も常に生まれ、常に変化発展しているのです。

完全円満だとはいえ、その過程で「過ち」を犯してしまうのも、これまた自然ながらのことです。ときには、弥栄とは反対のことをするかもしれません。神典『古事記』においても神様が間違いを犯す場面があります。

伊耶那岐神と伊耶那美神が生んだ三貴子のうちの一柱の神、須佐之男命は亡き母、伊邪那美命に会いたいといって泣きわめき、秩序を乱し狼藉の限りを尽くします。天照大御神はその行いを恥じて天岩屋戸(あまのいわやと)にお隠れになります。八百万の神々は会議し、天照大御神を天岩屋戸から引き出すことに成功しました。

一方で、須佐之男命は気掛かりが積もりに積もって、禊ぎでは解消しきれぬ罪になりました。

そこで須佐之男命は、その罪の代償として爪を切り髪を差し出しました。罪の代償を差し出すことも祓いの一つの方法です。

神も「過ち」を犯します。「過ち」を犯すことは自然ながらのことなのです。過ちを犯したら、弥栄に戻れば良いと考えるのが神ながらの道です。

「過ち」を犯さないようにと、禁欲したり、戒律を守るということは考えません。それ自体が萎縮減退を招きます。

「過ち」を犯したら、元に直して「さきはへ（幸え）」に戻れば良いのです。「過ち」を犯さないようにと縮こまるのではなく、堂々と胸を張って天晴れと生きていく。そのうえで、「過ち」を犯したら、反省して、出直せば良い。そして、さらなる弥栄のために働く……。本来善である私たちは、「過ち」を元に戻す力を持っています。元に戻すために、日々禊ぎして、祓うのです。

「さきはひ」と「まがごと」

弥栄であることは「幸い（さきはひ）」です。「さきはひ」は、「さきはふ」という動詞の名詞形です。

「さき」は「花が咲く」の「さく」の活用形です。「はふ」とは、ある状態が「続く」という意味です。

花が咲き誇るような状態が延々と続く。それが「さきはふ」ということであり、その状態を「さきはひ」と呼び、漢字の「幸」という字を当てたのです。

「さきはひ」は、まさに「弥栄」であり「善事（よごと）」です。

「さきはひ」の反対は、禍事（まがごと）です。古代の日本人は、禍事をどのように受け止めていたでしょうか。

『古事記』では、伊邪那岐神が黄泉の国から戻り、筑紫（つくし）の日向（ひむか）の橘（たちばな）の小戸（おど）の阿波岐原（あわぎはら）で禊ぎをしたときに、身につけた服を脱いだときに十二柱の神を生みました。次いで、川の中瀬で濯ぎながら、神々を生みます。

そこで、黄泉の国の穢れによって八十禍津日神（やそまがつひのかみ）、大禍津日神（おおまがつひのかみ）の二柱の神が生まれます。次いで、その禍事を直そうとして神直日神（かむなおひのかみ）、大直日神（おおなおひのかみ）、伊豆能売（いづのめ）の三柱の神が生まれます。

ここでわかるのは、黄泉の国のケガレを身に受け、禍事を経験したからこそ八十禍津日神、大禍津日神の二柱の神が生まれ、その神々が生まれてくださったからこそ、「さきはひ」の神である神直日神、大直日神、伊豆能売の三柱の神が生まれたということです。

禍事も厄介なものではなく、善事を生む原因であり、幸いの神を招くものなのだということが示されています。つまり、禍事があるからこそ、「さきはひ」に近づけるのだと考えました。ですから禍事を「禍津日神（まがつひのかみ）」と呼び、神様として受け止めてきたのです。

決して「悪魔だ」「悪霊だ」と言って、追い払ったり退治したりしないのです。「禍事」は、よりいっそう「さきはひ」へと私たちを推し進めてくれる神様だ、と感謝してきました。

生に在っては死を
思う者は
常に幸いなり

光にあっては闇を
栄えにあっては衰を
忘れぬ者は

光と栄えと生を越えて
永久にそこにあることを
得る

不動の中の動のごとく
二つは同じであるとして

ゆるやかに二つを
抱(いだ)きながら生きることは

まさに幸いを生きるなり

そう
幸の字が
対する二つをつなぐ型霊(かただま)の
ごとく・・・

神々も働き続ける

古来日本は、働くことを美徳としてきました。

『古事記』を読むと高天原の神様は常に働き、常に新たな神を生み出していることがわかります。そこには、悟ったか悟っていないかなどに目をくれる暇もありません。

これら神々のお働きの中に、日本人の労働に対する態度の原点があります。

神々は常に働いていらっしゃる。これに神ならいする私たちも常に働こう、という意識が自然ながらにあったのです。昔の日本人は西洋の暦が導入されるまで、日曜日などなかったのですから常に働いていました。特に稲作を中心とした農業に休みも何もありません。自然とともに生き、働いていたのです。働くことがそのまま生きることであり、人の道でした。そしてそれは、同時に神の道でもあると知っていたのでしょう。

明治維新以降、急激な近代化を成し遂げられたのは、江戸時代に培われた教育の力があるともいわれています。すでに近代化は準備されていたのだそうです。

その底流には日本人の心の中にある神ながら意識、つまり常に働く、神々に神ならいして働くという、日本人の本性があったのではないかと思います。

働いていけば、面白くないことも楽しくないこともあるでしょう。

しかし、禍事は幸いをもたらす禍津日神です。楽しくないことは、楽しみをよりいっそう楽しいものにするために存在しているのだと、『古事記』は教えてくれます。

楽しくないことや好ましくないことは、前進するための抵抗のように感じられるかもしれません。しかし、抵抗があることで前進していけるのです。ランナーには蹴って走る堅い大地が必要です。空を飛ぶ飛行機は空気の抵抗が必要です。帆船は向かい風も利用して前進します。

前に進むためには抵抗が必要なのです。よりいっそう前進するために、反対のものが現れるのです。そう考えれば、楽しくないことや好ましくないことは、むしろ有り難いことではないでしょうか。

より良き未来のために

神道では「神代今にあり」という言葉があります。「神代のお話は、遠い過去の絵空事ではなく、今この世に生きているのだ。私たち自身が、神代を生きているのだ」ということを示しています。

神々にはそれぞれ役割があるのと同じように、私たち一人一人にもそれぞれ役割があるのです。ですから今、自分にできることを切磋琢磨しながら努力精進してやっていくのです。すべては「弥栄」のためです。

天国にゴールインするとか、浄土に転生してもう大丈夫、とかいう静的に停止したような状態は理想としていません。片時も立ち止まらず、停滞せず、働き続け、生成化育し続けていよいよ栄えゆくのです。変化し続ける動的な状態を良しとしています。

そのために、今をどう生きるかが最も大事なのです。

ありがたい＝有り難い「弥栄」を出現させるために、常に努力精進する。ですから、私たちは常に「はたらく」のです。仕事とは「仕える事」です。弥栄のために己を捧げていくこと。つまり、仕え奉ることなのです。

かつて礼賛された日本的経営は、まさに経営者は社員を思い、社員が会社全体を思うという関係にありました。だからこそ日本人は働きすぎと言われるほど、弥栄のために常に働いてきました。

それが一九九〇年代になると、不動産バブル崩壊のショックから日本的経営に自信を失い、成果主義人事システムなど欧米流の経営をまねするようになりました。その結果、日本古来の「弥栄」を目指す働き方を見失いました。

企業は、個人の分離意識で働くことを奨励し、不機嫌な職場が増えていきました。その反動で、滅私奉公を強要する、いわゆるブラック企業も現れました。個人だけでもうまくいかず、会社のための滅私奉公でもうまくいきません。個人も、会社も、取引先も、お客様も、すべてが栄えることこそを、追求していかないといけないのではないでしょうか。その答えは、神ながら意識にあります。

禊祓いをして胸に手を当ててよく考え、切磋琢磨してその答えを見つけていきたいものです。

霊主体従（れいしゅたいじゅう）

神道では、「霊主体従」という考え方を重視しています。

ここで言う「霊」とは、目に見えない想いの世界という意味です。では「体」は何か。「体」は、目に見えたり、触って感じられる世界。五感で捉えることのできる、私たちが生きている物質世界のことを指します。

「霊主体従」とは、目に見えない「霊」の世界、つまり私たちの想いの世界が主であり、目に見える「体」の世界、すなわち物質世界は従である、という考え方です。

「霊」が主と考えるので、心や想いを大事にします。気掛かりがあれば、常に禊祓いするというのも、「霊」の世界がこの物質世界に先立つものであり、原因であるからです。

先に述べた産霊というのも、実は霊がまず想念し、それが具現化されていく一連のプロセスのことで、この宇宙は、このように神・生命・私たちの想いによって、成り立っているのです。

目の前にある現実を見て気に病んだり、恨んだり、ひがんだり、ねたんだりするのも「気掛かり」です。「従」である「体」の世界に惑わされずに、常に「霊」の世界を祓い清めることを大事にするのです。

原因は霊、つまり想いの世界にある。つまり心にあり、その結果が物体、肉体、現象界に顕れる。だからこそ結果である物質世界よりも「霊」、つまり想いの世界を主となして大事にしましょうという考え方が「霊主体従」です。

しかし、霊主体従とはいえ、従であるこの物質世界は、神・生命・私たちの想いの顕れゆえに、大切に関わっていくことは言うまでもありません。

仕事においても、まずは企画や構想という目に見えないものを、企画書にまとめたり、プロジェクトを起こしたりして形にし、そして実践していきます。

結果にいたるプロセスも見えませんが、当然ながらプロセスなしに結果は生まれません。霊主体従という考え方の中には、プロセスを大事にするという考え方も含まれています。

霊主体従の反対が、「体主霊従」です。結果を重んじて、目に見えない想いやプロセスは枝葉末節だとして尊重しない態度です。現代社会の基本的な考え方と言えるかもしれません。

たとえば、九〇年代から日本企業で導入された成果主義人事制度や、短期的利益を上げるために長期的な発展に寄与する基礎研究や人材育成などにかける費用を削減したりもしてきました。これらは、まさに体主霊従の考え方なのかもしれません。結果がすべて、結果だけ良ければそれで良いという考え方です。それが未来に仇なす行為であっても、今が良ければそれで良い。後のことは知らないよ、というのでは、あまりに浅はかな見方ではないでしょうか。結果は、想いの顕れゆえ、その結果の想いがまた原因となって、未来の結果へとつながっていくのですから。

目の前の現象は、これまでの想いやプロセスによる結果です。今行っているプロセス。目の前の現象に煩わされることなく、栄えゆく未来のために想いを清めて行動していく。それが霊主体従であり、神ながらの生き方です。常に「何のために」を、そのはじめの想いを、大切にしたいものです。

もちろん、太古の昔から「霊主体従」という言葉が使われてきたわけではありません。日本の日々の暮らし、所作の中にある考え方を表現すると、「霊主体従」と名づけられるという意味で、後世の人がそう呼んだというだけの話です。もともと日本人は、霊主体従という考え方をそれとは知らずに認識していたのです。

日本人の暮らしの中に、神社参拝という行動様式があること自体「霊主体従」を重んじている証拠ではないでしょうか。

笑い

かつて東西の書を読み、見識を深め、この世界をより良くするためにはどうしたら良いのかと真剣に考えていたことがあります。考えれば考えるほど憂いが深まり、「世界は良くなるのか。ちっぽけな自分にできることなんてあるのだろうか」と自問自答する毎日でした。しかし、どんなに考えても答えが見つかりませんでした。

そこで、合気道の稽古が終わった頃を見計らって、佐々木将人先生に質問をしました。

「この混迷の時代、ますます世の中は悪くなっていくように思えます。私にできることなど、どこにもないようにすら思えます。私にできることはどんなことでしょうか？」

質問した私は、相当切羽詰まっていたことでしょう。それくらい思い詰めていました。佐々木先生の答えは、こうでした。

「そうか。なら、笑っておけ。笑っておけば良いのじゃ！」

その瞬間、はっと目が覚めたように思いました。

恩師・佐々木将人先生と筆者

世界の苦しみを一身に背負ったかのように過ごして、視野を狭くしていました。笑うことすらできなければ、それこそ何もできないはず。自分の気持ちすら明るくすることができないのに、世界をより良くするとは笑止千万。そう、笑止千万です。自分の悩みがどれだけちっぽけなものかを思い知らされました。

佐々木先生の道場では、合気道の稽古が終わり、全員で神前に向かって礼をしますと、いつも先生は道場生の方にくるりと向き直って、両腕を天に向かって大きく広げながら、大きな声でこうおっしゃったものです。

「楽しくなければ合気道じゃない。さあ、笑え！　わっはっはっは！　わっはっはっは！」

道場生もそれに合わせて、

「わっはっはっは！　わっはっはっは！」

道場が喜びと明るい波動で満たされるのが、いつものことでした。

「細かなことはどうでも良い、とにかく笑え」というのも口癖でした。一番肝心なのは、心だと教えてくださっていたように思います。

特別なことが必要なのではありません。日常の些細なことをしっかりやるのが、私たちの日々の務めです。それすらできないのに、大きなことを考える。考えるのは大いに結構ですが、まずは今できることをやろう。そんな風に思えました。

神道には「永遠の中今（なかいま）」という言葉もあります。

「永遠の中にある今という瞬間はその内に永遠を宿し、過去も未来もすべて今の中にある」という意味です。

今を大事にすることが、過去も未来も大事にすることなのです。

常に、今、今、今。今をつないで、そして今、今、今……。

心や見えない世界を大事にする神道ですが、死後のことやあの世のことよりも、最も大事にしているのは「今」です。

我が心動揺すれば
天地も動揺す

我が心静かなれば
世界も静かなり

我が心清らかなれば

数多は清らかで
また天地に逆らえば
安寧なく道はなし

さてさて、
まずは笑ってみる
としましょう

あな楽し
おけ〜

第二章

祈りの道——日本人と神社

神話が生きている

神話は歴史ではなく、民族の心を伝えてくれます。集団的な意識を形として残しています。神話と神社があったからこそ、古来日本人の知恵が現代にまで伝えられてきたのです。神社は、古代の知恵を現在に伝える優れたシステムなのです。

日本全国に神社はあり、およそ八万八千社以上に上るそうです。八百万（やおよろず）とまではいかないのですが、八が共通するところが面白いですね。

そもそも、なぜ神社に参拝するのでしょうか。

それは、神社参拝が、禊祓（みそぎはら）いのシステムだからです。しかも、そんなシステムだとは全く無頓着なまま、正月になれば初詣に行き、人生の節目節目に神社にお参りするのです。私たちは、無意識のうちに神社にお参りしています。それもまた目に見えない神はからいではないかと思います。

神社に参拝するとはどういうことなのか、後ほど詳しく見ていきますが、ここでは「元（もと）つ初めの振るえ」を思い出す行為なのだということをお伝えしましょう。

「元つ初めの振るえ」とは、この世界が誕生した瞬間のエネルギーのことです。現代物理学的な比喩を使えばビッグバンのエネルギーであり、『古事記』の表現を使えば「天地初めて發（ひら）けしとき」の振るえであります。振るえとは、エネルギーの振動のことです。生命の発動はすべて振るえを通して表現されます。

「天地初めて發（ひら）いた」とき、何が起きたのでしょうか。天之御中主神（あめのみなかぬしのかみ）が出現したのだと『古事記』には書かれています。

天地開闢の瞬間など誰も見たことがありません。ビッグバンも同じです。理論的に想像したものであって、見たことがないのは同じこと。古代の日本人は、天地の始まりを神話的想像力を駆使して思い描いたのでしょう。初めの初めは、言葉にできないものですが、初めを忘れないために神話を遺し、初めを忘れないための仕組みが日本人の生き方の中にかろうじて組み込まれています。

それが神社参拝なのです。

神社参拝が、初めを忘れないための仕組みであることは、それが神話に基づくものであるということを見ないとわかりません。

神社参拝

神社参拝と一口に言いますが、何をしているのでしょうか。

神社に参って、拝殿で二拝二拍手一礼します。何に向かって頭を下げているかといえば、少なくとも御神体に向かって頭を下げています。御神体は、神様の依り代であるといわれ、その神様ご自身を表しています。

御神体を鏡とする神社は全国各地にあります。

なぜでしょうか。

これも、『古事記』や『日本書紀』を紐解くことで理解できます。

天地開闢（かいびゃく）と同時に生まれた天御中主神から数えて七代目にあたる、伊邪那岐神（いざなきのかみ）が筑紫（つくし）の日向（ひむか）の橘（たちばな）の小戸（おど）の阿波岐原（あわぎはら）で禊ぎをされ、左目を洗ったときに現れたのが天照大御神（あまてらすおおみかみ）です。その天照大御神の孫にあたる天孫邇邇芸命（てんそんににぎのみこと）が、高天原（たかまのはら）より地上の葦原中国（あしはらのなかつくに）に降り立つときのこと。天照大御神は天孫邇邇芸命に、いわゆる三種の神器である八尺瓊勾玉（やさかにのまがたま）と八咫鏡（やたのかがみ）、それから草薙剣を渡してこうおっしゃいました。

「此れの鏡は、専ら我が御魂として、我が前を拝くがごとく拝き奉れ」

つまり、渡した鏡は天照大御神自身だと思ってお祀りしなさいとおっしゃったのです。鏡は、天孫邇邇芸命に「葦原中国に降臨し、この国を治めなさい」と命じた天照大御神。常に鏡を天照大御神だと思ってお祀りしなさいということは、常に天孫降臨の初心を思い出しなさいということなのです。

初めを忘れたときに人は迷います。邇邇芸命もこれから葦原中国を治めるにあたって、迷うこともあるはず。「そのときには、鏡を見て私（天照大御神）を思い出し、初心を思い出しなさい」、と告げたのだと思います。

邇邇芸命から連綿と続いた歴代天皇は、ずっとこの約束を守り、鏡を御神体として祀り続けてきました。現在では、伊勢神宮に八咫鏡が納められ、それと全く同体の鏡が、皇居内の賢所に安置され、日々天皇陛下がお祀りされています。

神話に説かれた天地開闢の由来、そして天孫降臨の物語をベースにして、歴代の天皇は祭祀を続けてこられたという事実に圧倒されます。そして、その天皇の祭祀、つまり宮中祭祀をひな形として、全国津々浦々の神社にて鏡を御神体として、日々お祀りしているのです。その神社に、私たち日本人は事あるごとに参拝し、日々の平安や健康を願い、祈りを捧げているわけです。

私たちは、意識しないうちに、天地開闢以来の伝統を踏襲し、神社を参拝しているのです。特段、明確な信仰心など持たずとも、神社を訪れて、その荘厳な雰囲気や静寂を感じ取り、清清しい気分になって神社を後にします。それは、もともと神社参拝が、生まれ変わり、生き直しの再生システムでもあったからかもしれません。

先ほど、天照大御神が邇邇芸命に鏡を渡したときに、私（天照大御神）だと思って鏡を祀るようにと言い含めたという話をしました。そしてそれは、初心を思い出すためのものでもあったと書きました。神社に参拝するとは、己の誕生と天地の開闢という、まさに初めを思い出し、気持ちも新たに生まれ変わるという儀式なのです。

不思議なことに、そんな能書きを誰一人語らないのにもかかわらず、年が改まったら大挙して神社に詣で、節分、ひな祭り、端午の節句、夏越しの大祓、秋祭り、七五三、年越しの大祓など、事あるごとに神社参拝をしているのが私たち日本人です。文化の中に、初心を思い出すという仕組みが組み込まれているかのようです。

能の大成者・世阿弥が書き残した『風姿花伝』には、「初心わするべからず」という有名な言葉が遺されています。一説には「芸事を始めたときの心がけを忘れるな」とも「芸事を始めたときの技量のほどを忘れるな」という意味だともいわれていますが、鏡を御神体として神社に参拝する日本文化の伝統の中で考えるならば、己を振り返り、初心を忘れずに、未来に向かって前向きに働きかけていくということの重要性は、十分に納得のいくことです。

有り難いことを実感する

物事の初めに想いをいたすとき、この世界の始まりがあります。なぜこの宇宙が存在するのか、なぜこの地球の日本という国が存在するのか、なぜ自分が今ここに存在するのか。

今、ここにあることの神秘。言い換えれば「存在」の奇跡。どうして今この世界が存在しているのか。存在するとは何なのか。当たり前のように呼吸をし、ものを見たり聞いたりしていますが、今、ここにあることに深く想いを鎮めると、「ただただありがたい」という気持ちが湧き上がってきます。そして、神は一切を否定せず、一切を受け止めてくださいます。それはあり得ないことです。だからこそ「有り難い」ことと受け止め、だからこそさらに未来に向けて働きかけていく。神の恵みを受け止め、神ならいに神さながらに世界を感じ、かつ観じ、働きかけていくこと。それが神ながら意識です。

『古事記』の神代の巻を読むと、神々は常に働いていることがわかります。起きたことをすべて受け止めて、次へ次へと働いていています。神のお働きのように、私たち人間も、神ならいして、神ながらに生きていく。それが神ながらの道なのです。

神社参拝とは、初めを思い出す行為です。参拝する中で、この世界が存在することの不思議にたどり着いたり、まさに根源が顕現するかのごとき体験をする方もいらっしゃるでしょう。「ありがたい」という感謝の念に包まれる方もいらっしゃるかもしれません。感じ方は、人それぞれです。

神社参拝は、禊祓いをし、己の存在の根源に触れる行為です。いかなる感じ方をしようと構いません。決して神秘体験を求めるとか、至福体験をするためだけに行うのではありません。初めを思い出すことで、ただただ謙虚になり、身についたケガレや積み重なったツミを祓うということに意識を向けるだけでも良いのです。こうしなければいけないとか、ああしなければいけないという決まり事は一切ありません。

天地の初めに意識を向けて、全身で感じようとするならば、天地の根源が姿を現し、それはあなたであり、私であるということを体感することがあるかもしれません。そのときに、「ありがたい」という言葉の本当の意味を実感するでしょう。

何故　拝礼するのですか
はい　何やら有り難くて思わず
そうしてしまうのです
何故　拍手するのですか
はい　心が振るえて
思わずそうしてしまうのです
何故　祈るのですか
はい　それが　生命という奇跡の
証だからです・・・

もともと神社というものはなかった

神社というと、境内があり鳥居、手水舎、狛犬、拝殿、本殿、神楽殿など、現在の神社の形を思い浮かべるのではないかと思います。しかし、時を経て現在のような形が一般化したのであって、本来は神社に社殿はありませんでした。

一本の木や杜、巨石、あるいは山自体が御神体であり、それを拝み、祀っていたのが神社の原型です。

古代の人は、研ぎ澄まされた感性で神霊が宿っていると直覚した場に、結界を張って大切にしました。聖なる空間を磐境(いわさか)と呼びました。磐境には、神霊がお鎮(しず)まりになっているので、禁足地としてみだりに立ち入らず、そこで祈りを捧げ、祭りをしました。

磐境と並んで神社の原型となるものが神籬(ひもろぎ)です。神籬は神のエネルギーの降りてくる目印のことです。目印のある場所を注連縄(しめなわ)などで囲っている場合は、その囲いのことも指します。古代人の感性がそこに神のエネルギーが依(よ)りつくものと感得したときに、それが依(よ)り代(しろ)として利

淡路島　岩上神社のヒモロギ石

用されました。

常緑樹の枝や巨木、複数の樹木、一帯の森林、あるいは磐座と呼ばれた巨大な石や山など神様の依り代となり得るものが神籬と呼ばれました。樹木が沢山生い茂っていて、そこに神霊が鎮まっているような場所は、鎮守の森として大切にされました。

また、神籬や磐境を含む一帯を神奈備と言います。神奈備のある山全体を指して、神奈備山と呼ぶこともあります。山自体に神様が鎮座しているとするものです。

産土神と氏神

共同体の発展に伴い、神籬を中心にどこからどこまでが自分たちの共同体の領域なのかを意識するようになっていきました。やがて神籬を中心に有力な血族が結束して、氏族を構成するようになります。その後、それぞれの氏族は自らの祖神を定めてお祭りをするようになったようです。

また、氏族の功労者を神として称え、祭り、祖神と合わせて氏族を守護する「氏神（うじがみ）」として崇め奉るようになりました。氏族を代表する長が、氏神をお祭りする役目を果たしていきました。氏族以外は、その氏神を参拝することはありませんでした。これが、氏神と氏族の関係です。氏神は氏族独占の神様だったわけです。

時代も下るに従って、氏族の共同体は、神籬＝氏神を中心とした居住地域に、氏族以外の人間も受け入れ、ともに暮らすようになっていきます。そうすると、地域を守護する氏神は、血縁を要とした氏族以外の人にも崇敬され、彼らを守護するものとされ、氏族以外にその土地の民をも守る「産土神（うぶすながみ）」という言葉で捉えられるようになっていったようです。

また、神様を分祀（ぶんし）して遠方の社にお移りいただきお祭りしたり、遠方の神様を、氏神を祭る神社に合祀（ごうし）したり、主祭神の変更が行われたりして、さまざまな変更が加えられていきました。

現在では、本来、氏族の守護神であった氏神が、地域一帯を司る産土神と混同されるようになったり、氏族に属さない人が産土神を氏神と呼んだりしています。

本来、その土地の産土神として祭られていた神様が、神社の変遷過程で、主祭神の座を他の神に譲り、摂社、末社に追いやられているというケースも多々あります。
そういう意味で、現在では非常にわかりにくくなっています。

聖なる空間としての神社

古代の氏族社会が形成されてくると、磐境では氏神を祭り、豊穣への祈りを捧げ、その周りでは氏族の集会を開くなど、共同体の中心的な場として機能するようになっていきました。これが神社の原点です。生活の中心が鎮守の森だったのです。

人も家を建てるようになれば、神のお社として神殿を建てるようになります。雨露に左右されずにお祭りできるようにと、拝殿というものが造られるようにもなります。

社殿は一時的なもので、お祭りが終わったら取り壊し、再びお祭りをするときには建て直していたようです。

次第に、恒常的な建物を造るようになり、外来宗教である仏教の伽藍（がらん）建築の影響も受けて、神社も進化し神様の御座所として社殿を建てられるようになりました。こうして拝殿や本殿などを中心として、基本的な神社の形式が整っていきました。

拝殿は表玄関に相当し、神様が参拝する私たち人間を温かく懐に招き寄せる場所ともいえます。ですから拝殿は、いつも清らかな風が吹いています。その神社の顔でもあるので、拝殿の雰囲気は、本殿に鎮まります御神霊のエネルギーを表しています。また、その神社に仕える守人、神職の心の在り様も表しています。拝殿が古いとか、新しいとかは関係なく、そこに何とも心地の良い清らかな風が吹いていれば、その神社にはちゃんと御神霊が鎮まっていらっしゃいます。

しかし拝殿が荒れて、どんよりした感じであれば、きちんとお祭りもされていないでしょうし、御神霊も寄りつかず、私たちの前に現れてはくださらないでしょう。御神霊の寄りつかなくなった神社は、「祭り落とされた」神社と呼ばれます。

次第に山や木、区切られた聖域だけでなく、鏡や剣、あるいは神様になった方が生前使用していたもの、硯や弓矢などを御神体として祭るということも行われるようになりました。神様が鎮まった聖なるものを、御本殿にお祭りするようにもなります。それらの物を、神様の御霊代（みたましろ）と言い、御神体としてお祭りします。

神社とは単なる建物のことをいうのではなく、神の鎮まるところです。

神社は「宮（みや）」とか「社（やしろ）」とかと呼ばれます。

「宮」は「御屋（みや）」であり、「社」は「屋代（やしろ）」です。「屋」は屋根の屋ですが、同時にいよいよ栄えるの「弥（や）」でもあります。宮はいよいよ栄えるという「弥」に、尊称の「御（み）」をつけてその場所を表しています。

「社（やしろ）」の「ヤ」も「屋」であり「弥」です。「シロ」は、依り代の「代」であり、同時に「城」という言葉に表されるように、一定の区画を囲った場所のことでもあります。神籬を囲った場所が磐境であり、その境界を囲むものを「シロ」と呼ばれ、囲いのある聖なる場所を「ヤシロ」と呼び、「社」という字を当てたのかもしれません。

「社」は同時に「モリ」とも読まれ、「杜」と書かれることもありましたが、その場合は、まさに鎮守の森を聖域としたからでしょう。

　聖なる区域を、囲みに注目すれば「ヤシロ」になり、そこにうっそうと茂る木々に着目すれば「モリ」になります。「モリ」は同時に、禁足地とされ守られたからこそ「守（も）り」でもあったのでしょう。

　いつも清らかな風が吹いているような聖なる空間こそが神社の本質です。

鳥居に始まる神社というシステム

神社を訪れると、気持ちがさわやかになったり、鎮まったりするのは、なぜでしょうか。

確かに神社とは、その空間が聖なるものです。ですから気持ちが良くなるのは当たり前と言うこともできます。気持ちが良いから神社を参拝する人は多いのですが、なぜ気持ち良くなるのかについて理解している方は少ないようです。

神社とは、実はとても効率的な禊祓いのシステムなのです。

それは、単に建物の名称や配置を見ただけではわかりにくいことです。参拝するという能動的な働きかけをするからこそ理解できることなのです。

神社に赴くと、最初に出合うのが鳥居です。

鳥居は御神域の象徴です。御神域を示す結界の印です。地図における神社が鳥居のマークであるのは、鳥居が神社の型霊（かただま）でもあるからです。

上葺（うえふ）かずの宮（みや）とも呼ばれ、それだけで屋根のないお宮なのだという意味です。だからこそ、

鳥居

そこに鳥居があるだけで、そこから先は御神域であるということを示すほどの力強さがあります。

そのため、鳥居が欠けていたり、傾いていたりする神社は、拝殿、本殿、そこに鎮まる御神霊その他の様子も推して知るべしだといわれています。

鳥居は憑り居であるとか。神様が憑りつき、依りつくところともいわれます。その神域全体の御神気が留まり、あらゆる御神気が集約しているところなのです。

だからこそ鳥居は神社という聖域への出入り口であり、同時に神界への入り口、ゲートでもあるのです。ポータルと言っても良いでしょう。

そのため、鳥居前での拝礼も趣深いものです。御神域には、主祭神や摂社、末社に祭られている神様以外にも、鎮守の杜一帯に鎮まっていらっしゃる御神霊・精霊たちがいらっしゃいます。拝殿での拝礼では、主祭神との交流となります。しかし鳥居の前で拝礼すれば、その主祭神も含めた御神域全体の御神霊・精霊との交流がかなうわけです。

会社訪問にたとえるならば、昇殿参拝は、社長室に伺っているようなものです。社長との直接対面ができますが、会社全体の雰囲気を味わうのには不向きです。社員から警備の方までその会社全体の雰囲気を知るには、会社の玄関、ロビーなどの方が向いています。

鳥居からの遙拝は、そのような良さもあるのです。

また、鳥居はその御神域のあらゆる御神気が集約しているゆえ、その神域の絶景ポイントでもあります。

富士山は登るものではなく、遥拝するものだ、という言い方があります。富士山は登って見るとあまりに近すぎて美しさを味わえませんが、遠くから仰ぎ見たときに初めてその美しさを味わえるという意味です。全国各地に富士山が美しく見える場所があります。絶景が見られるポイントです。

鳥居は、まさにその神社の絶景ポイントであることが多いのです。もちろん、今では創建当時とは異なる建物が建っていて、よく見えないということもあるかもしれませんが、お社が一番美しく見える場所に建てられているものなのです。

そのような鳥居の前で拝礼し、その下をくぐったときから、参拝の御神事は始まっています。

正式参拝にしても、まず鳥居で拝礼し、御神気を一身に浴びて、ありがたいという気持ちとともに、鎮魂（みたましずめ）をはじめます。つまり、できるだけ心を澄みきりに鎮めていくのです。鳥居は御神域を見渡せる焦点距離ですから、思わず頭が下がります。

鳥の中でも鶏は時を告げます。『古事記』には、天岩戸（あまのいわと）開きの際に思金神（おもひかねのかみ）が「常世（とこよ）の長鳴鳥（ながなきどり）」を集めて鳴かせたという記述があります。常世というのは永遠の国という意味で、長鳴鳥は鶏のこと。永遠の国で時を刻む鶏という意味になります。

鶏が天岩戸にお隠れになった太陽神、天照大御神を呼び起こす役目を果たしたのです。時を告げる鶏が居るのが鳥居。二つの柱に掛け渡した横木は、まさに鳥の止まり木のようでもあります。

この鳥居のもとで鎮まるとき、御神託を受けとることも可能です。御神意が下りてくるのをじっと待ち、神様からのお告げを賜りながら参道をしずしずと歩いて行くのが良いのです。無駄口をききながら歩くなどは慎みたいものです。

鳥居の前に立ち、ご自身に問いかけてください。今、自分はこの御神域に入る資格はあるのかと。もしもこの御神域に足を踏み入れる資格がないと思ったときには、遙拝で終えれば良いでしょう。「ありがとうございます。失礼させていただきます」と立ち去る。それだけでも、一身に御神気を浴びることができたわけですから、とても有り難いことです。

もしも、「入る資格がある」という場合、「入ってもよろしい」とでもいうように、鳥居の向こうからスーッと風が吹きます。

参道は参拝の「道」

鳥居に始まり、参道を歩いて行くこと自体がとても大事なことです。その過程で鎮魂が深まっていくからです。鎮魂とは、内なる神、直霊(なおひ)とつながっていくプロセス……。我もまた神として、親神に相まみえるための礼儀でもあります。

参道は、参拝の道です。単なる通り道ではなく、神様へとつながる心の道。参道を通ること自体が一つの実践であり、武道や茶道と同じ行としての道です。これを理解し心得ることが重要です。目に見える参道と心の参道を重ね合わせて歩かねば、神様への階(きざはし)はかかりません。このことからも、世間話をしながら歩くなどもってのほかであることが、おわかりになるのではないでしょうか。

参道には、玉砂利が敷き詰められていて、その上を心を鎮めながら、ジャリッ、ジャリッと拝殿に向かって歩んでいく……。この音は、音祓(おとはら)いであり、我が身を清めていただいているのです。樹木の枝葉が風に揺れる音、鳥の鳴き声、清流のせせらぎの音。すべてが清祓(きよはら)いの響きなのです。禊ぎとは、「耳注ぎ」のことでもあるといわれています。この音祓いに身を委ねながら、鎮魂を深めながら歩んでいくとき、目に見える参道と、心の参道がつながっていくのです。

参道の正中を歩くのは避けますが、これは、参道の真ん中は神様の通り道であるので、貴いところだからという理由からきていますが、それを理知的に頭で考えて避けるということではありません。謙虚な気持ちで参道を歩むときに、自然ながらに中心を避けて、しずしずと歩むことをしていたということです。畏れ多いと感じる気持ちから、思わず参道の真ん中は避けてしまうだけのことなのです。

参道を歩くときも、澄みきった感性で歩めば、自ずと心静かに謙虚に歩むことでしょう。しかし、悲しいかな現代の私たちは、そういった感性が磨かれぬまま暮らしているので、ぺちゃくちゃとおしゃべりをしながら、参道の真ん中を大股で歩いてしまったりもします。それも、こうでなければならないという決めつけはありませんが、その代わり、一つの作法として参道は正中を外してお歩きなさいという言い方も遺されているわけです。自分の胸に聞いてみて、もしもそうだと思えばそうするもよろしいわけです。

大概、参道には樹木の枝が覆い被さるように枝を伸ばしています。その下を歩くと、えも言えぬ香ばしい香りが漂ってくることがあります。我が心が御神域にふさわしい状態であるとそういうことが起きますが、もしもふさわしくない状態であると、そのような香りをかぐことは難しいでしょう。

御神気が高まると何とも言えない香りがし、風が吹きます。そのためには、鎮魂禊ぎが欠かせないのです。我が身が穢れていたら、御神気の芳香など感じられるはずがありません。この御神気を一身に浴びながら、感謝の心とともに、神人合一の場へと臨んでいくのです。

参道を通ってお宮に参拝するというのは、産道を通って子宮に還ること。まさに生まれ直し、生き直すのです。神様に拝礼するということは、「生き直します」という宣言でもあります。

手水舎は禊ぎ場

神社に正式参拝するためには、事前に禊ぎをし、清潔に整えられた正装に着替えて参るべきです。鳥居をくぐり、参道を進み手水舎に来たら、ここでもう一度、手を洗い、口をすすぎます。

右手で柄杓を取って水をくみ、左手に水を注ぎます。次に柄杓を左手に持ち替えて、右手に水を注ぎます。さらに柄杓を右手に持ち替えて、清らかな水をくみます。お椀のようにした左手に水を注ぎ、左手に受けた水で口をすすぎます。柄杓を立てて、残った水を柄杓の柄に流し、柄杓本体をきれいにします。最後に柄杓をもとに戻します。

禊ぎにはいくつかの意味がありますが、大きく分けて三つあります。

・水注ぎ
・身削ぎ
・霊注ぎ

実際に水を注ぐので「水注ぎ（みそぎ）」。それはまた、古いエネルギーを削ぎ落とすので「身削ぎ（みそぎ）」。新しいエネルギーを注ぎ入れるから「霊注ぎ（みそぎ）」。どれもみな「みそぎ」と読みます。

かつての神社は、そばに川があったり禊ぎ場があったものですが、いつしか手水舎がその代わりを果たすようになりました。

昔、伊勢神宮にお参りする場合には、松阪あたりにある祓殿（はらえどの）でまず修祓（しゅばつ）を受けていたようです。

修祓というのは、祭祀の執行にあたって、一段と清まった状態になるために、ツミやケガレを祓い除く行為のことです。

本来、千早振る（ちはやぶる）、高い振動数のお宮には、全身を禊いでからでないと近づけないという感覚が共有されていて、かくのごとく修祓を受けたあと宮川を、次いで五十鈴川を歩いて渡っていたのです。禊ぎ、祓って清まっていくプロセスが自然ながらにありました。現在では、宇治橋が架かっていますので、川に身を浸して歩いて渡るということはしませんが、昔は周到なる清めのプロセスがあったのです。

そのようなプロセスの代わりとして現在は、手水舎が設けられています。川に入って禊ぎをする代わりに、手水舎で、手を洗い、口をすすいで、身を清めているわけです。

手は全身を象徴しています。口をすすぐのは、言霊を発する口を浄め、口を慎むという意味も込められています。これは、簡略化された禊祓いであり、事前に禊ぎをしていたとしても、なお禊ぎをすることに意味があります。

柄杓で左手に水を注ぎながら、新しいエネルギーを入れます。左手は陽であり、霊であり、霊注ぎとなります。次に、右手に水を注ぎながら、己の古いエネルギーを削ぎ落とします。右手は陰であり、身であり、身削ぎとなるのです。

そして、きれいな言霊を発しますという意味で口をすすぎます。

また、水は光でもあり、水の御神霊に浄めてもらい、光で振動数を高めているのです。

二拝二拍手一礼は感謝の心

拍手とは、思わず拍手してしまうというところから始まったといわれています。しきたりの作法はありますが、決めつけてはいません。人間の喜びの発露したものが、拍手だと理解するのがよろしいでしょう。

自然ながら、神ながらの所作を礼法に遺しているのです。思わずそうしてしまい、有り難いという気持ちで頭を下げます。

通常は、二拝しますが、これは天の恵み、地の恵みに対し、それぞれに感謝の意を表すことでもあります。

次に、胸の前で両掌を合わせてから、右側を少し手前にずらします。

このことを少し詳しく説明しましょう。神ながらの道では、左は火足り（ひだり）であり火（カ）であり陽であり、霊（ヒ）であって、右は水極（みぎ）であり水（ミ）であり陰であり、身（ミ）なのです。

合掌は、左手（カ）と右手（ミ）を合わせた、まさにカミ（神）合わせということであり、その後、右手を少し手前にずらし、左手を御神前の方に差し出すようにするのは、左手、つまりは霊（ヒ）が主体であって、右手である身（ミ）はそれに従っているという、霊主体従の在り方を示しています。

そして、神ながらの道は生命の道なので、その生命の鼓動、心臓のリズムで、トックントックンと手を二回打ちます。これは天地開闢のカミ（神）合わせの音霊（おとだま）を、天と地とそれぞれに発するということを意味しています。

そしてまた一礼します。

作法や礼法を考えるときに、武道における型を対比させて考えるとわかりやすくなります。武道の達人にはすでに型は不要です。自由自在、思うがままに戦えば勝ってしまうわけです。どんな決めつけもない境地。

ところが素人、または凡人にはそれができません。思うがままに戦っていたのでは負けてしまうわけです。命がけの戦いであれば、死あるのみです。そこで、達人が素人や凡人に、達人の境地にいたらせるために遺し伝えたものが武道の型なのです。型を通じて達人の境地を追体験できるように遺してくれたわけです。

作法・礼法も武道の型と同様、凡人の私たちのために、神あるいは人生の達人の境地を追体験できるようにと遺されているものです。私たち一人一人が神であり、完全にして円満なる存在なのですから、自分の胸に聞いてみて、ああこの作法の通りやってみようと思うならばやればよろしく、そうではないと思うならばそうしなくてもよろしいのです。

なぜなら、この神拝作法は教義教典からくる教えではなく、私たち日の本の人々の感性が形となって表されたものだからです。

人が楽しいときに
思わず手を打つように
我が国の神前作法に
拍手があるのは
神と交流するのは
楽しいゆえのこと

その音霊を思わず
発する自らの深奥からは
天晴れたる思いが溢れ出で
それを聴きたる周りの人にも
清々しき心地を生じさせる
かのごとく

神人合一とは楽しきもの
であり

神ながらの道とは
うれし楽しの　清々しき道

伊勢神宮参拝時の筆者

聖なる高い波動への同調こそ参拝の意義

神社という清らかな聖域には、振動数の高い波動が満ちています。その場に参ろうとするならば、精神的・肉体的にも低く汚れた状態では近づけないわけです。やはり、神の振るえにふさわしくあるべきだとして、自ずと禊ぎして身を清めるようになったということは容易に想像できることです。

現在でも尊い方にお目にかかるときには、薄汚れた格好で出かけるわけにもいかず、身支度を調えて準備をします。理屈ではなく、ごく自然にそうしているはずです。

神社参拝も同じように考えれば良いのです。千早振る振動の前に参るためには、失礼のないように己の波動もそれに近づこうと思えば良いのです。

神様の御前では、さらに鎮魂を深めていきます。神様はすべてお見通しですから、欲望、願望などの気掛かりを持ち出す必要はありません。むしろ鎮魂を深め、神様の高い周波数に己を高め上げていくことこそが大事です。

そのために事前に禊ぎをするのが望ましいのです。少なくとも手水舎にて手を洗い、口をすすぐべきでしょう。

神社参拝の根幹である玉串奉奠（たまぐしほうてん）

正式参拝は、拝殿への昇殿を許されて参拝することを指しますが、神様と正式に御対面させていただくことです。略式参拝よりいっそう、身を整えて臨むのが正式参拝です。

一般的な神社では、それほど厳しく求められませんが、本来は全身を清めてから正装で臨むのが正しい在り方と言えましょう。神様の高い振動数に己を合わせようという気持ちになれば、自ずとどのような行動をとるべきか察することができるというものです。

正式参拝する場合は、昇殿し、玉串料（または初穂料など）をお納めします。玉串料とは、玉串と呼ばれる榊を神様に献上する「玉串奉奠（たまぐしほうてん）」という神事をさせていただくために、お納めする金銭のことです。

生まれ直し、生き直しのシステム

玉串奉奠は、つまり神人合一を象徴しています。それはまた生まれ直し、生き直しの儀式でもあります。昇殿参拝を終え、退座して、また参道を通って神社を去ることは、もう一度生まれ直したということなのです。神様の真心に己を真釣り合わせ、もう一度この世に生まれ直す。このプロセスを行う場が神社であり、そのプロセスが神社参拝なのです。

祓って、祓って、清めて、清めて拝礼する。神社参拝は境内の構造も含めて全体が、祓い清めのシステムになっています。

「玉串奉奠」は最も大事な御神事です。どんな祭典も「玉串奉奠」なくしては完結しません。玉串は一般に榊を使いますが、一本の樹木からとられた枝です。御神木の象徴です。依り代でもあります。神のエネルギーそのものがそこに凝り凝っています。

まず、神職は、用意された榊を前に修祓し、祓い清め、祝詞奏上など祭典が進んでいくうちに、神様の御神気が、さらに玉串に凝縮していきます。その後で参拝者は神職から玉串をいただきます。

このとき、玉串から参拝者の身に御神気が流れ入ります。同時に、参拝者の心がいただいた玉串にうち乗せられます。このとき、真釣（まつ）りが起きていきます。神様の誠（まこと）の心と参拝者の真（まこと）の心が玉串に釣り合ってうち乗せられるのです。

神と人とのまことの心が真釣り合わせられた玉串を御神前に捧げます。供えられた玉串は、我の象徴です。神様に「我を捧げた」ということであり、同時に捧げられた我とともに神様の真心が寄り添って供えられているのです。これが神人合一の、真の祭り（真釣り合い）なのです。

このような意味の玉串奉奠ですから、そこにうち乗せる「我」というのは、「ああしてほしい」とか「こうしてほしい」とかいう欲望ではないはずです。それらは真心ではなく、気掛かりであり気枯れです。「すっ」と鎮まり、清まっている我を献じます。神様の誠心と我の真心が釣り合っているか、ということが大事なのです。

玉串奉奠は、神様という太い幹に、我という細い枝を接ぎ木する儀式でもあります。接ぎ木する玉串は、我であり同時に神様の誠心の証でもあります。

略式参拝も神との誓い

ごく普通に神社を訪れ参拝する際には、略式参拝をすることになります。

鳥居をくぐり、静かに参道を歩みます。先に述べたように参道に敷き詰められた玉砂利は、音祓い。手水舎では手を洗い、口をすすぎます。これは禊ぎの簡略化したもの。その後、拝殿まで進みます。

拝殿の軒に鈴や鉦(かね)がしつらえてある場合、下げ紐を打ち振るい、鈴祓いをします。振るわれる紐は修祓の儀でもあり、さらに鈴の音により音祓いが行われるのです。

そこで、賽銭箱にお賽銭を入れます。

あれは何をしているのでしょうか。

私のワークショップや講話会では「金額が多い方が御利益があるのですか」と質問されることがあります。お賽銭はなぜ献ずるのでしょうか。

現実的な側面から申し上げれば、お賽銭を献じることで、神社を守る神主さんたちの管理費用などになるでしょう。しかし、それだけでしょうか。

神社参拝の基本に立ち返ってみればわかります。神社参拝とは、生まれ直しのシステムです。お賽銭は、玉串料に相当するものなのです。玉串奉奠の儀式は略されていますが、それは同時に「生まれ直します」と誓った証でもあります。

お賽銭箱の形状からもわかるように、一度入れたら戻りません。つまり、生まれ直しの決意は撤回できないということであり、その決意は神様にしっかりと受け止めていただいたのだということです。

神様は人の一切の願いを受け止めてくださりますが、「そうですか。わかりました。その通りおやりなさい。その思いそのままあなたにお返ししましょう」と言って、あなたにその願いをそのまま返してくださいます。そのやりとりを目に見える形で表現したのが、お賽銭を献じる行為なのです。

神様に、あらゆる願いを投げかける。神様は、すべてを受け止める。そして、その願いを叶える責任を、すべて私たちにお返しくださる。それは、私たちが神から生まれた神だからです。神様が願いを聞き届けてくださったからには、神様はそれを果たさなければなりません。それを果たす神様は、神である私たちである、ということです。

神様には手足がありませんが、私たちには肉体があり、この世界で活動・行動することがで

徳島　大麻比古神社にて

きます。実行するのは私たちです。「身体は神体なり」といわれる由縁です。

また、お賽銭を献じることは同時に、お賽銭という代償を払うことで、己の罪ケガレを祓い、清めるためでもあります。日常のあらゆる気掛かりを祓い清め、「ス」＝「素」に戻るという意味があるのです。

こうして私たちは、正式参拝にせよ、略式参拝にせよ、神社に参拝するたびに、何度でも出直し、生き直しを行うのです。

参拝の道は日常生活から

もっとも、日常生活から神社参拝は始まっているともいえます。

日頃どんな暮らしをして、どんな事を考え、どんな行動をしているのか。それが神様の誠心と真釣り合うに値するものであるのか。そういった日常がすべて、神社参拝のときの己を決定しています。単に、参拝するときだけ身を正しても神様はすべてお見通しです。日常生活と神社参拝は、相互に関係し合っているのです。

古来より日本人は、普段通りの日常を「ケ」の日、祭礼や年中行事などを行う日を「ハレ」の日と呼び、日常と非日常を使い分けていました。

ハレの日には晴れ着を着たり、神聖な食べ物である餅や赤飯を食べたり、お酒を飲んで、特別な日として祝いました。

日本人は、木にも火にも水にも神様が宿っていると感じ、これを「八百万の神」と言って大切にしてきましたので、身辺で起こる良いことも悪いことも神様のおかげと考え、人々は祭り（祀り）を司るようになりました。祭りの華やかさ、行事の晴れやかさ、ケガレを落とした後の清々しさがハレであり、「晴れ晴れ」「晴れ着」「晴れ姿」など、ハレの気持ちを表した言葉がたくさんあります。

そして、ケは普段通りの生活を送る日ですが、日常生活の「ケ」がなく、毎日がお祭りの「ハレ」だったら、それはつまらないものになってしまうかもしれません。また、陰鬱な気持ちや何かよくない力、病気や死など、ケの生活が順調にいかなくなることを、「気枯れ」＝「ケガレ」といって忌み嫌い、禊ぎ、清め、祓いなどをしました。「ケガレ」を落とし、単調になりがちな生活に「ケジメ」をつけて、「ハレ」の日を迎える。そうした物事の繰り返しで暮らしが成り立っているのです。

日々に「ハレ」と「ケ」があるように、一人の人の日々の中にも光の部分と影の部分があります。悪いことが起こると「明日はきっと良くなる」と自分を励ましたり、良いことが起こると「いいことばかりではない」と喜びすぎるのを戒めたりすることがあります。まさに「禍福(かふく)はあざなえる縄のごとし」です。この感覚は、日本人の暮らしのメリハリや心の影響と深い関わりを持っています。

ですから非日常（ハレ）と日常（ケ）とは、互いに区別はあるものの、両者は密接につながっており、つながっていながらも区別はある、というのが神道の考えです。ハレはケのために、ケはハレのためにあって、両者は区別されながらもつながっているのです。

祭り……神と人との関係

神ながらの道で祭るとは、第一義的には真釣り合うことです。神の誠の心と人の真心とが釣り合うことです。

神社参拝の項でも述べましたように、己の魂の振動数を神の振動数に真釣り合わせるのが、祭りです。日常の生活は、ケガレが生じてしまいがちです。そこで、神と一体となって、天晴れと生き直す機会とするのです。

また神と人との関係は、まるで親子の関係のようなもの。子は親に感謝を捧げ、親は子を慈しみ育みます。そのため、神道は孝道であるともいわれるのです。

肉親であれば存命中は、孝行することができます。神様は、さかのぼって私たちの先祖です。なぜなら、すべての生命は天之御中主神までさかのぼれるからです。つまり、日本人にとって神様は御先祖様なのです。

まるで実際の親に孝行するがごとく、お祭りし、拝礼し、言祝ぐのです。つまり、神様をお祭りするというのは神様に対する孝行なのです。

孝行の具体的な方法として収穫物や食べ物、お酒などの品々を供物として差し上げ、感謝し、言祝ぐのです。ですから、「祭る」という言葉には、「奉る」とか「捧げる」という意味もあります。

お供物として捧げるものは、「幣帛」「飲食」「果実」が三大供物です。幣帛とは、もともとは布のことです。天照大御神が天岩屋戸にお隠れをしたとき、天岩屋戸の前に榊を立て、そこに鏡と勾玉と幣帛を掛けたという記述もあります。古代において、機織りによって作られた布は貴重なものだったのでしょう。労働の成果物を神様に感謝を込めて捧げるのです。

飲食は、主に米と酒です。ここに稲作との関連が見られます。働いて収穫された米と、その米から醸された酒を感謝の気持ちを込めて捧げます。飲食と果物を合わせて神饌と呼びます。

供物を捧げ、感謝し、言祝ぐことによって、神の御稜威はいや増しに増していくのです。御稜威とは、御神霊のお力、霊威、清明なエネルギーと言い換えても構いません。

そして、差し上げた供物を下げてきて、皆でいただくことを直会と言います。

直会は、神とともに食事をいただくことです。神と人とがともに食事をする（神人共食）ことで、神人合一を果たすのです。神のいや増しに増された御稜威を取り入れるために、神の振るえがうち乗せられた食事をいただきます。その神の御光を我が身に活かし、そして社会に及ぼし、神人和楽の御世を創造していく……。これが直会の本質なのです。

このような祭りをする場所として神社が設けられました。古代の神社では、神籬の前に収穫された穀物などをお供えして、神霊を招き、直会で村人が神とともに収穫したものをいただいていたことでしょう。

海の幸、山の幸を横山のように神様にお供えし、皆で和気藹々と食し、楽を奏で、舞い、唄い、相撲を取り……神も人も和して楽しみ、顕幽一如、霊肉一体のうれし楽しの神事。このような天晴れたる在り様は、世界の宗教と、大いに趣を異にするところではないでしょうか。

夏祭りや秋祭りなどで見られる御神輿も、この日の本の神と人との関係をよく表しています。御神輿のお宮の中には御神霊が鎮まっていますが、それを氏子が担ぎ、ワッショイワッショイと村や町を練り歩きます。これは、実は御神輿を振ることによって、神様の振動数、そしてそれを担ぐ人や村や町の振動数を上げて元気づけているのです。

古来、我が国の神ながらの道では、振魂(ふるたま)行法という、己の振動数を千早振らせる鎮魂禊の方法が伝わっていますが、御神輿担ぎはまさに神と人との振魂の御神事だったのです。

祭りとはまた、このように祈り合い、称え合いを行い、氏子共同体の維持繁栄のための仕組みであり、知恵でもありました。

人を離れて神なし
神を離れて人なし

人の人たるは
神の御光を顕現するゆえで

神はまた人の清明心によって
弥栄える

まさしく
祭り合い　祈り合い　称え合い・・・
ああ・・美しき・・・
思わず　拍手を打つなり

吉凶について

神社には、必ずおみくじがあります。おみくじとは何でしょうか。

「大吉」とか「吉」「凶」などと書いてあります。「吉凶を占う」という言葉もありますが、仕事や恋愛について未来を占うという方もいらっしゃるでしょう。また、自分は今どんな運勢なのかを、おみくじから読み解こうという方もいらっしゃるでしょう。いろいろな捉え方はあると思いますが、神社のおみくじには、短歌が記されているのをお気づきになっているでしょうか。

これは御神歌なのです。おみくじによっては漢詩の場合もありますが、いわば神様からのメッセージです。

おみくじを引いたなら、そこに書かれている素晴らしい御神歌をいただいて、その言葉をかみしめて味わってみることをお勧めします。まさにその瞬間、あなたのもとに訪れた御神歌だからです。

おみくじを引くときも、心を鎮めて、

「今の私に必要なメッセージをお願いします」

と祈ってから引くとよろしいでしょう。

おみくじには、「吉」とか「凶」とも書いてあります。吉凶の文字はどう受け止めると良いでしょうか。

「禍福終始（かふくしゅうし）を知って吉で驕（おご）らず凶でうろたえず」という言葉があります。これは「禍いも幸福も始めがあり終わりがある。禍も福もずっとそのままということはない。すべては変化し流れていくもの。だからこそ調子が良いときに驕（おご）り高ぶることなく、調子の悪いときにうろたえる必要はない」という意味です。

「吉」が出たら喜べば良いではないかとも考えがちですが、それに囚われることが気掛かりを生み、気枯れとなります。「驕り」に転じてしまえば、せっかくの「吉」も台なしです。同じく「凶」が出ても気にしすぎる必要はありません。喜びも悲しみも、どのような感情も自然ながらではありますが、それに固執してしまうことが気枯れであり、本来の生命の在り様、その生成化育の流れを止めてしまいます。

また、吉が出て驕るのも、凶が出て悲しむのも、分離意識のなせる業です。自分だけが吉であるとか、自分だけが凶であるという感覚は、全体とのつながりを忘れさせてしまいます。「禍は福に支えられ、福は禍に支えられる」とも言います。今自分が苦労していることによって、誰かが助かっているかもしれません。自分が良い思いをしている陰では、誰かが苦しんでいるかもしれません。私たちは、宇宙の根源「ス」とつながり、区別はすれども一体なのです。根源に思いを馳せたときに、「吉」で喜んだり、「凶」で悲しんだりすることはあまり意味がないのです。この世界が、神様の息吹とともに生成化育しており、そこに自分も参加していることに感謝することのほうが大事ではないでしょうか。

個人の経験の中でも、体調が悪くなって初めて健康のありがたさを理解したり、病気不調で苦しむ人を思いやる気持ちが芽生えてくるというものです。「禍福に終始あり」です。

古代ギリシャの哲学者・ヘラクレイトスは「万物は流転する」と言い、前漢期の古典『淮南子』は「人間万事塞翁が馬」と言い、鴨長明は『方丈記』の冒頭で「ゆく河の流れは絶えずして、しかももとの水にあらず」と言いました。テレビ時代劇『水戸黄門』の主題歌では「人生楽ありゃ苦もあるさ」と歌われています。古今東西あらゆる人が、この世を変化するものとして捉えています。

すべては変化し、発展していきます。良いと見える局面もあれば、悪いと見える局面もあります。しかし、すべてはいよいよ栄えゆく生成化育の途上にあります。その道理を知ることで、絶好調のときに驕ることなく、不調のときにあってもうろたえることなく、日々是好日として生きていきたいものです。

神道でも、この宇宙は生成化育し、いよいよ栄えるものとします。だからこそ、一時の吉凶に一喜一憂することで気掛かりを生んでしまっては本末転倒です。「吉で驕らず凶でうろたえず」。むしろ御神歌を今自分にとって必要なメッセージだと受け止め、その意味を味わい、日々の暮らしに活かしてみてはいかがでしょうか。

善事(よごと)は
禍事(まがごと)によって現れ

善は悪によって
知らされ

安心には不安が
つきまとい

勝った歓びの裏には
負けた者の悲しみが
あって・・・

およそこの世界は
二つの対極が
支え合っていて

ゆえにその二つを認め

それを超えていくのが
うれし楽し・・・
闇を怖れず
光にもとらわれず・・・

第三章

永久の道――神道と天皇家

三大神勅と五大神勅

宮中祭祀が、神道の祭祀の基本になっているといわれますが、それはなぜでしょう。そして皇室では、何に基づいて祭祀を行ってきたのでしょうか。

それは、『古事記』や『日本書紀』に示されています。祭祀のみならず、日本の在り方も示唆されています。

神様のお告げ、または命令を神勅と言いますが、『古事記』や『日本書紀』には沢山の神勅が登場します。

最古と呼べるのは、国作りの神勅です。天つ神と神世七代の神がお生まれになった後、天つ神が「この漂へる国を修め理り固め成せ」と伊邪那岐神と伊邪那美神に対し、命じた国作りの神勅です。ここから国作りが始まります。

この神勅は未完成で形をなしていない国を完成させよという意味であると同時に、曖昧模糊とした混沌状態を整然とした完成状態に導き働くようにという、日本人の勤勉性のもとにもなっている神勅です。

『古事記』や『日本書紀』を読むと、大小さまざまな神勅が書かれていますが、中でも重要なのが三大神勅、または五大神勅と呼ばれるものです。

三大神勅は次の三つです。

天壌無窮の神勅
宝鏡奉斎の神勅
齋庭稲穂の神勅

この三大神勅に、

神籬磐境の神勅
侍殿防護の神勅

の二つを合わせて五大神勅と呼びます。

・天壌無窮の神勅

天照大御神は孫の邇邇芸命に、

「葦原の千五百秋の瑞穂の国は、これ、吾が子孫の王たるべき地なり。いまし、いでまして治せ。さきくませ。宝祚のさかえまさむこと、まさに天壌と窮り無けむ」と言って、葦原中国の王としての正当性を承認し、これを統治するように命じました。これが「天壌無窮の神勅」です。

「さきくませ。宝祚のさかえまさむこと。まさに天壌と窮り無けむ」というのは、「栄えますように。皇統がますます栄え継続することは天地と同じく極まりないでしょう」という言祝ぎです。

・宝鏡奉斎の神勅

また、天照大御神は、我が子天忍穂耳命に向かって、
「この鏡は専ら我が御魂として、吾が前を拝むがごとく、いつきまつれ」と命じました。
この鏡というのが三種の神器の一つである八咫鏡です。鏡を渡して、「高天原から葦原中国に天降り、親子離ればなれになったとしても、この鏡を母なる天照大御神だと思って常に拝み奉りなさい、または親孝行しなさい」と言ったわけです。これを「宝鏡奉斎の神勅」といいます。

その後、邇邇芸命が誕生したことで、天忍穂耳命は天降らずに、邇邇芸命が天降ることになったので、この神勅は邇邇芸命によって受け継がれていきます。邇邇芸命の直系が天皇家なので、天皇は今でも皇居の中の賢所で八咫鏡を前に祭祀をなさっています。（賢所にお祭りされてい

る八咫鏡のことについては、後ほど詳しく説明します）

・齋庭稲穂の神勅

「吾が高天原にきこしめす齋庭(ゆにわ)の穂(いなほ)をもって、また吾が児にまかせまつるべし」。これを「齋庭稲穂の神勅」といいます。

天上界になる稲穂を天照大御神の子孫に渡しますが、稲は高天原のエネルギーが凝縮したものです。「こめ」とはエネルギー、神の生命が込められているものという意味です。ですから米を稲魂(いなだま)と言います。稲(いね)とは生(い)命の根(ね)のことで、この稲を食べてこの国を栄えさせなさいというのが「齋庭稲穂の神勅」です。生命をつないでいく方法を、この豊葦原の瑞穂の国にもたらしたのです。

神勅は今でも守られています。そのため、天皇陛下は自らお田植えされます。稲が実ればお手ずから穂を刈り、新嘗祭(にいなめさい)で神様に捧げています。

・神籬磐境の神勅

また、『日本書紀』では、天孫降臨に当たり、高皇産霊尊(たかみむすびのみこと)は、天児屋命(あめのこやねのみこと)と布刀玉命(ふとだまのみこと)に、「吾は天津神籬(あまつひもろぎ)および天津磐境(あまついわさか)を起こしたてて、まさに吾孫(すめみま)のために齋(いわ)ひ奉らむ。汝(いまし)、天児屋命、布刀玉命は、天津神籬を持ちて、葦原中国に降りて、また吾孫のために齋ひ奉れ」と命じました（『日本書紀』巻二）。これを「神籬磐境の神勅」と呼びます。

この神勅は、高天原にある神籬を葦原中国に導入せよという意味です。神社を奉斎するのは、この神勅があるからだともいえます。神社を造れというのが、神様からの命令だということです。

・侍殿防護の神勅

続けて、天照大御神は、天児屋命と布刀玉命に、「これ爾二の神、またともに殿の内に侍ひて、よく防護を為せ」と命じました。これを「侍殿防護の神勅」と言います。ここから天児屋命は、御神事を司る神職の始まりとされ、占いをもって仕えたとされています。神社という入れ物だけでは十分でなく、そこに仕えお守りする神職をおきなさいという命令でもあります。

天児屋命も布刀玉命も御神事を司る神様です。天岩戸開きの際に、布刀玉命は真榊に勾玉と鏡と幣帛（麻と木綿の布）を取り付けて神への立派なお供え物とし、天児屋命は祝詞を奏上しました。ここから、布刀玉命は祭具、または大麻を、天児屋命は祝詞を司る神様とされているのです。

この天児屋命を祖先に持つ氏族が中臣氏であり、布刀玉命は忌部氏の祖であると『古事記』『日本書紀』には書かれています。

皇室にはこれらの神勅に基づいた祭祀が伝えられてきました。

古事記と天皇家、賢所と

皇居の中には、いくつか祭祀を執り行うための施設がありますが、代表的なのは宮中三殿と呼ばれているところです。

宮中三殿とは、賢所、神殿、皇霊殿の三殿です。

賢所には、天照大御神の御神体が祀られています。つまり、天照大御神が「この鏡をわたしを前にするがごとく拝しなさい」と下された宝鏡奉斎の神勅で、邇邇芸命に渡された八咫鏡です。剣と勾玉と並ぶ三種の神器の一つです。神殿には八百万（やおよろず）の神が祀られ、皇霊殿には歴代天皇と皇族の御霊が祀られています。

天照大御神から天孫邇邇芸命が賜った鏡は、代々天皇家で宮中にお祀りされていました。第十代崇神天皇の時代になると、身近で祀るにはあまりに畏れ多いと感じ、どこか鎮座していただくにふさわしい場所が必要だということになりました。そこで、皇女の豊鉏入日売命に命じて探させました。その後も、垂仁天皇の皇女の倭姫命がこれを引き継ぎ、何十年もの年月をかけて探し回った末に、伊勢神宮を御座所と定められました。

これによって現在まで、天孫降臨の際に邇邇芸命に託された鏡は、御神体として伊勢神宮で祀られています。その代わり、賢所ではこの鏡とそっくり同じ物を作りお祭りしています。伊勢神宮の祭祀と宮中の祭祀はどちらも、天照大御神と同体である鏡を御神体としてお祀りしているということです。

「地球の中で、最も光の振動数の高いところはどこでしょうか?」そう聞かれたら、私は迷わず皇居の中にある賢所だと答えるでしょう。

皇居内の清掃をさせていただく皇居勤労奉仕団の団長を務めさせていただく機会があり、宮中三殿・賢所の御前に、団員とともに拝礼させていただいたことがあるからです。

宮中三殿の聖域は澄みきり、エネルギーに充ち満ちていました。聖域に入ると、一瞬にして場のエネルギーが変わります。ものの見事に一瞬で変わるのがわかります。そして何人かの方は涙を流し、中には泣き崩れる方もいます。特にエネルギーに敏感な方などは腰砕けになって、ふらふらするほどです。

そのエネルギーは、パワフルなものではありません。

誰もがわかりやすいエネルギーは、力強く荒々しいなど粗い波動ですが、賢所で感じられるのは、むしろ澄みきった、微細な振動です。

「ちはやぶる」という神の枕詞があります。「ち」は高い振動数を表す「千」とか、神の霊威を表す「道」という字とかを当てますが、まさに賢所に満ちているのは千早振(ちはやぶ)る波動です。細かく微細な高速振動。純粋なる光の波動とでも呼ぶべきものです。

伊勢神宮にお参りした方はわかるかもしれませんが、伊勢神宮もまた懐の深い清らかなエネルギーに満ちた空間ですが、宮中三殿・賢所の聖域はその比ではありません。あまりの清らかさに感応して、人は思わず泣いてしまうほどです。

世界の中心である賢所

神社参拝では、二拝二拍手一礼というのが基本です。二拝するのは、一拝は天の恵みに対する感謝、もう一拝は地の恵みに感謝するという意味です。

ところが賢所の御前では、一拝で良いのです。

なぜでしょうか。それはたぶん、賢所が天と地とが分かれていない世界の中心だからではないかと思われます。天地に分かれておらず、中心であり全体であり、いわゆる「一」ですから一拝で良いのです。世界の中心であり、地球の中心だということです。

聖なる鏡を祀る賢所の振動数と、天皇陛下の振動数とが共鳴する場です。賢所にお祀りされている八咫鏡も、天皇陛下ご自身、つまり玉体も、天界と人界をつなぐゲートなのです。ですから昔から、天皇のことを、みかど（御門）と呼んだのです。地上で最も振動数が高い場所である理由がわかります。

この場の振るえによって、地球の生命系が維持されているかのようです。もしも天皇陛下による賢所での参拝がなくなってしまったら、地球のバランスがどう崩れてしまうかわかりません。神話に書かれている神との約束を、ずっと果たしてきている天皇陛下・スメラミコトのエネルギーは畏れ多いものがあります。

天皇家は長い歴史の中で、時の政治権力に利用されてきました。しかし、常にすべてを受け入れてきました。鏡のごとく、この世のあるがままを淡々と受け止めてきていらっしゃるのです。

時代の波に翻弄されつつも今にいたるまで廃されないのは、時の権力者も国民も無意識のうちに、その畏れ多い天皇の御稜威（みいつ）を知っているからではないでしょうか。

現在、賢所は東京の皇居内にありますが、明治以前は当然のことながら京都御所内にありました。世界を支える高い振動は、天皇の御在所とともに移動してきました。

ですから、京都御所に行くと、清らかなエネルギーに包まれます。それは、当時の高い波動がまるで残り香のように遺っているからです。

皇居勤労奉仕団

皇居勤労奉仕団の団長を務めさせていただくことがあります。有り難いことに、天皇皇后両陛下のご会釈も賜る機会をいただいております。

あるとき、若い青年がこの皇居勤労奉仕団に参加していました。彼は「なんで天皇なんているの？　税金の無駄遣いじゃない？」などと言うくらい、天皇陛下については何も知りませんでした。

しかし、勤労奉仕の最中に、ご会釈を賜る機会が訪れました。私たちは、蓮池参集所という建物の部屋に通されて、団員は両陛下をお待ち申し上げました。

黒塗りの車がすーっと近づき、ドアが開き、両陛下が進んでいらっしゃいます。部屋にお入りになった瞬間、光の波動に満たされました。

するとその瞬間、青年は涙を流し、嗚咽し始めたのです。彼以外にも多くの方々が涙を流し始めました。清らかな愛の波動です。それは、天照大御神の振動数そのものです。

かくいう私自身も、ご会釈を賜るたびに、感動のあまり泣いておりました。

天皇陛下は、大嘗祭（だいじょうさい）を通じて天照大御神の御光りを降ろされた大きな器のお方ですから、まさに現人神（あらひとがみ）です。間近に接するとよくわかります。純粋な澄みきった振動数です。神々しいとは、まさにこのことだと涙したのを覚えております。

ご会釈を賜った後、団長の代表の掛け声で、全員で万歳三唱を唱和します。私が代表で万歳三唱発声の役を賜ったこともあります。

畏れ多くも、天皇皇后両陛下の御前で……。

その慈しみの光を間近に浴び、そのあまりの有り難さと緊張の極みで、膝ががくがくと震えました。しかし日頃、鎮魂行（みたまふり）を行じ、肚を練っているからでしょうか、なんとか無事に務め上げることができました。慣れていない人が代表を務めると、声がうわずってしまったり、間がとれずに、全体がばらばらになってしまうこともあるそうです。そうならずに済んだのは、全く幸いなことでした。

万歳三唱の最中、天皇皇后両陛下は、真っ直ぐにこちらの目をご覧になり、一時たりとも視線を外されません。その大御心に間近に触れることは、畏れ多いこと、有り難きことの極みであり、涙とともにその場にひれ伏してしまいそうでした。

また、皇太子殿下のご会釈を賜ったときも、私が万歳三唱の発声の役を賜ったことがありました。皇太子殿下もやはり一瞬も視線を外されません。その迫力たるや尋常ではありません。ものすごいエネルギーに腰砕けになりそうでした。

そして皇后陛下は、温かく慈悲に満ちた目で、やはり全く目を逸らされません。団長として、そこで感動のあまり声を詰まらせたり、涙声で発声するわけにもいきませんので、くずおれそうになる己の心を励まし、肚から声を出して万歳を三唱させていただきました。

万歳三唱をなし終えた後、ふらふらになりながら、「もう死んでも良い。これですべてをやり遂げた。御先祖様にも申し訳が立った」という気持ちになりました。

皇室の伝統は奇跡である

天皇陛下は日々お祈りされていらっしゃいますから、光の振動は尋常ではありません。祭祀王であり、日々世界の平安をお祈りされている方を国民統合の象徴としているのが、日本という国なのです。

また、神武天皇即位の日から数えても、歴史上国号が顕れたときから数えても、万世一系の天皇がいらっしゃる、現存する世界最古の国でもあります。

天皇の人々の平安を祈る祭祀の伝統は、時には形を変えながらも脈々と受け継がれて現在にいたり、なお続いているのです

このような国は地球上のどこを探してもありません。これを奇跡と呼ばずして何と呼びましょう。

しかしながら、第二次大戦後に日本は占領され、国家解体すらされかねなかったこともあるのです。皇室の存続も危うい状態でした。それでも神はからいなのでしょうか。皇室はなんと

か存続し、今日も陛下は世界の平和をお祈りになっています。

その祈りの根拠は、天孫降臨の神話にあるのです。「神話は空想物語にすぎない」と捨てることもできたかもしれません。しかし、そうはしてこなかった。それを大切に保持し、世界で希有な存在として今もその伝統が息づいているのです。

宮中祭祀を頂点にいただき、全国の神社では、さまざまな祭祀が執り行われています。明治以降に国家神道として、神道が国に利用されるようになったとか、変質したとかしないとか、細かな議論はありましょうが、根本を見定めるならば、絶えることなく現在まで伝統が続いてきているということに、感銘を受けざるを得ません。

神社についても先に述べましたが、一つの神ながらの道という生きる道を、空間的・物質的に目に見える形で示す祈りのシステムが、失われることなく現在にいたるまで現役で存在しているのです。

たとえば、ハワイにはヘイアウと呼ばれる聖域があります。かつてはそこに建物が建っていたり、目的に応じた施設が造られていました。しかし、ハワイ王国は滅ぼされ、アメリカに併合されました。同時に、ハワイ語の使用や文化が否定、および禁止されました。現在、ヘイアウはかつての名残として敷石くらいしか残っていません。

ハワイ文化復興運動のもと、フラをはじめとしてさまざまなハワイ文化が復興されてきていますが、いまだに多くのヘイアウは再建されていません。

一度失われてしまえば、取り戻せないものもあります。特に征服され、文化を根こそぎ破壊された場合、征服者にとって文化の復興は叛逆であると感じられるでしょう。そうなると復興は難しくなります。

しかし、神ながらの道と日本の美しき伝統は失われずに残っています。それはとても有り難いことです。先人たちがさまざまな思いでつないできたこの「元つ初めの振るえ」を、その祈りの想いを、私たちもまたより良き未来へと渡していく義務があるのではないでしょうか。

大嘗祭

先の天皇がお隠れになると、次の天皇は即座に即位されます。宇宙が寸毫も止まることなく、常に動き続けているように片時も空位であってはいけません。

天皇は、即位されてから振動数が変わるのでしょうか。それとも高貴な血脈から、生まれたときから、すでに高い波動をお持ちなのでしょうか。

もちろん、天照大御神から始まる皇室の直系の子孫です。血脈の上で高貴なことは確かです。しかし、それ以上に大切なのは、即位することで天照大御神の御霊（みたま）を直接受肉する霊脈です。天皇即位後、およそ喪が明ける一年間、用意周到な禊祓（みそぎはら）いをし、儀式を重ねていきます。十分な準備をされてから、天照大御神の御霊を生身の肉体に降ろされるのです。

それが大嘗祭です。大嘗祭は、天皇にとって一生に一度の大事な祭祀です。大嘗祭の際には、新設された特殊な部屋に入られます。そこには神座（かむくら）と褥（しとね）が用意されています。そこで、天照大御神の御霊と一体化されるまでの時間を過ごされます。そして、部屋から姿をお現しになります。これを幸い（さきはい）と呼ぶそうです。そのときに現人神となって現れるわけです。天照大御神の御霊を降ろすわけですから、大嘗祭は究極の鎮魂（みたまふり）だとも言えるのです。

畏れ多くも天皇の御身体のことを「すめみまのみこと」と申し上げますが、「すめ」は「聖なるもの、貴きもの、澄んでいる」ことを指し、「みま」は身体を表します。天照大御神の御魂を降ろされ、我が身に移されるのです。このときのためにお社が建てられ、特殊な秘儀が行われます。

神人合一の儀式をへて、天皇の資格を持ってお出ましになります。天照大御神のエネルギーに相応しい器をお持ちでないと、天照大御神の広大無辺なる光の振動で肉体が崩壊してしまうでしょう。清らかな濁りのない聖なる器がないと受けられません。天皇は幼少の頃から、そのための準備をずっとされてきているのです。常に気掛かりをつくらず、決して忌みごとを口にせず、ケガレにも触れないようにされています。

天皇陛下が大嘗祭に臨んで、禊ぎ潔斎をされて荒魂（あらみたま）をお清めするのは、物質世界全体をお清めすることに等しく、和魂（にぎみたま）をお清めするのは精神世界全体をお清めするお働きがあるのです。

このような伝統のもとに皇室の祭祀が保たれていて、賢所の振動が維持されているということは奇跡的なことです。皇室の祖先から受け継がれてきたものは、血脈とともに、常に再生更新されてきた霊脈です。むしろ血統よりも霊統であると考えた方がいいかもしれません。

一即多、全体のために生きる、無私無欲。それが天皇陛下です。今でも陛下は朝お起きになられると日本国民、日本国、全世界の平和を祈っていらっしゃいます。

天皇陛下はご自身の御代（みよ）（在位中）の全世界の人々の行い、結果、想いを一身に背負われて、あの世へ持って行かれます。その時代に起こったことは、すべて自分の責任であると受け止めていらっしゃいます。一即多の「一」が天皇であり、森羅万象が「多」です。世の中に起きた災いなどの不幸も、すべて自分の不徳のいたすところであるとお考えになり、祈りをさらに深めて行かれるのです。そして、一切の言い訳はしない。すべて受け止めて、すべて引き受けてくださっているのです。

八紘一宇という言葉がありますが、世界はみな一つの家族だという意味です。それは天皇の広い御心で一即多を生涯かけて全うされている方でないと、その真意をつかみ損ねてしまうでしょう。世界支配だとか覇権だとか世界統一政府だとか、そんな話ではないのです。宇宙の始まりから天孫降臨をへて、神話の時代の約束を本気でお守りになり、一即多の世界を行じていらっしゃる天皇にしかわからない世界かもしれません。

わからないながらも、私たちも天皇に神ならいして、そのような一即多の世界を生きていこうとするのが、これもまた神ながら意識を生きることなのです。

天皇陛下と鎮魂禊

このように、鎮魂禊の究極の姿が天皇陛下ではないでしょうか。まさに現人神です。潔斎所などで、禊ぎも欠かさずされておられるようです。

昭和天皇も、朝な夕なに祈りとともに禊ぎを行っておられたようです。六十歳を過ぎてからは白衣の上から、忌みの湯と言って、お湯で禊ぎをされていたとのことです。

天皇陛下のなさる祭祀は、かつて年間約三百もあったといわれています。戦後は、ＧＨＱの統治のもとに、私的な行事になってしまったこともあり、今では年間二十くらいに減らされてしまっています。しかしながら、今でも陛下は毎朝起床されると、日本全体を心に抱き、国民一人一人の平和に祈りを捧げられていらっしゃいます。

新年元旦には、「四方拝」という秘儀をなさいます。それは、新年も朝まだきの四時にご起床なされまして、モーニングコートに身を包み御所をお出になります。そこからしずしずと歩み出され、数百メートル先にある潔斎所で湯浴みをされ、衣冠束帯にお着替えされます。

このときのお召し物は、黄櫨染御袍と呼ばれています。「黄櫨染」というのが今でいう黄土色に近い色に染めた、という意味ですので、「黄土色の昼の装束」という意味になります。

そして、宮中三殿の西側にあります神嘉殿の南側の庭の御簾に囲まれた場所に坐して、伊勢神宮を拝礼し、四方にいらっしゃる諸々の神様に拝礼されます。四方とは、すなわち全世界を表していると考えられ、つまり世界の平和と全世界の民の安寧をお祈りになっているのです。

この四方拝をもって、陛下のお仕事が始まります。その後、年間を通じて約二十もの祭祀を務められ、その合間の時間において、我々がテレビでも見ることのできるご公務に就かれます。陛下の最も大切なお務めは、祭祀であり、天皇陛下とは祭祀王なのです。

たとえば、もしもあなたやあなたのご家族の誰かが身体の具合が悪く、「その健康回復の祈願をしています」と言われたら、自然と「ありがとうございます」と、お礼を言うと思います。これは理屈ではなく自然な感情です。それと同じことなのです。天皇陛下は、毎日私たち一人一人の平和と幸せを祈ってくださっているのです。思わず感謝してしまうのは、当たり前ではないでしょうか。

そして、皇室の年間祭祀で最も大事な祭祀は、新嘗祭（にいなめさい）です。その年の初穂を神様に捧げる儀式です。

なぜ一番大事なのかというと、天皇が神様とともに新穀を食されることで、天皇の霊的エネルギーを再生更新するからです。その年に収穫され、高天原のエネルギーの凝（こ）り凝（こ）った稲霊（いなだま）をいただくのです

今上陛下も、斎庭稲穂の神勅を守り、お手ずからお田植えもし、お稲刈りもなさいます。そして、この新嘗祭で新穀を神とともに食し、再生更新をはかられるのです。

元来は、最もエネルギーが弱まる冬至の日に執り行われていました。冬至ですから太陽のエネルギーが最も弱まり、再び強まっていく転換点です。その日に、天皇霊の再生更新の儀式を行っていたのです。

宵（よい）の儀（ぎ）、暁（あかつき）の儀（ぎ）。それぞれ二時間で合計四時間。宮中三殿の西側にある神嘉殿で執り行われます。儀式の最中は、ずっと正座だそうです。陛下はこれに備えて、おくつろぎになるときに

も、日々正座されていらっしゃるそうです。儀礼の最中に、痛いとか、足が痺れたということがあると気掛かりが生じてしまいます。そういうことのないように、日々お過ごしになっておられるのです。

皇室と世界の王室

世界の王室は、華美と贅沢を尽くした王宮に住み、きらびやかです。これに対して皇居は質素です。他国の王様は、城に住み、高い塀を巡らしていますが、皇居には高い塀もなく、深い堀もありません。江戸時代までお住まいになっていた京都御所を見ても同じです。

京都御所は歴代天皇がお住まいになったわけですが、高い塀も深い堀もありません。幕末にいたるまで一度も攻められたことはありませんでした。現在の皇居も、センサーこそありますが、世界のセキュリティの常識からすれば、厳重なものではないかもしれません。

天皇誕生日やお正月などの一般参賀にお応えになるのが長和殿（ちょうわでん）という建物ですが、皇族の皆様方がお出ましになる、あの窓ガラスもかつては防弾ガラスではありませんでした。今は皇宮警察の警備上の問題で、やむを得ず防弾ガラスになっています。それでも私たちとの心の通い合いを望まれているためか、両陛下が行幸啓（ぎょうこうけい）になるとき、必ずクルマの窓をお開けになり、沿道の人々にお手振りでお応えになります。それは、クルマの中にまで雨が吹き込んでくるようなときでも……。

この日の本に畏れ多くも皇室が存在するのは、まさに自然ながら。奪ったものでもなく、支配から始まったものでもなく、誰かがそうしたとか作ったというものでもありません。神ながらに、この日の本に、心の御柱として、祈りとともに存在してきたのです。およそ世界の国家の成立は、征服や革命、独立によるものがほとんどですが、我が国の始まりが、自然ながらに、いつの間にか、まるで神の御心より始まったかのように、皇室も神々の息吹の現れのごとく、生り成っていったのです。

そもそも、攻撃されるということが前提とされていないので、誰かから身を守ろうという発想がないのです。他国であれば考えられないことでしょう。

天皇と皇民は、親子の関係に比せられます。親は子から攻められるということを考えるでしょうか。親たる天皇は、すべてを子のために捧げています。だからこそ国民のことを「おおみたから（大御宝）」と呼ぶのです。

親は子の幸せを祈り、子は親の幸せを祈る関係。天皇と国民との関係と同様に、神と人間との関係にも孝道が息づいているのを見ることができます。ですから天皇陛下は毎日、国民の安寧と幸せをお祈りくださっています。他国の大統領や首相で、そのような生活をしている方が果たしているでしょうか。

神様をお祀りするというのは親孝行と一緒です。肉体を持ち、目の前に親がいるのであれば、具体的な親孝行ができるのですが、神様や祖先は目の前にいません。ですからお祭りをすることによって孝行をしているのです。

私たちが、天皇陛下の御前で泣いてしまうのは、親の慈愛に触れるからかもしれません。陛下を間近で接することができた多くの人は、広大無辺な慈悲を感じて泣き崩れてしまいます。

昭和天皇

日本は原子爆弾を投下された唯一の被爆国ですが、第二次大戦当時、日本でも原子爆弾の開発をしていました。

軍部は、風船爆弾でアメリカ本土への原爆攻撃を計画していました。大戦の最中、そのことをお知りになった昭和天皇は、そんなことはやめるようにと強く抗議したそうです。

「原爆なんて使ってはいけない。戦争にもルールがあるはずだ」と。

しかし皮肉なことに、その後、日本は東京をはじめとする各地へのナパーム弾による爆撃を受けます。大空襲です。

昭和二十年七月二十六日。ポツダム宣言が発せられ、日本軍の無条件降伏を要求されました。鈴木貫太郎首相は「戦争完遂」を記者会見で述べ、ポツダム宣言を黙殺し、降伏の意思は表示しませんでした。これに対してアメリカは、八月に入って広島と長崎へ原爆を投下しました。当時、最先端の兵器による無差別大量虐殺です。

いよいよ進退窮まった大日本帝国は、八月十日に御前会議を開きます。首相と東郷茂徳外相、米内光政海軍大臣らが軍の無条件降伏を主張するも、他の三人が条件付き降伏を主張し、議論が拮抗して結論が出ません。会議が長引きました。

鈴木首相は、陛下の御前に進み出て御聖断を仰ぎました。すると昭和天皇はおっしゃいました。

「外相案に賛成する（ポツダム宣言の受諾に賛成するの意）」

この御聖断により降伏が決定されます。

しかし、降伏回答文書の内容について阿南陸軍大臣が問題にします。「統治形態を国民の自由な意思によって決める」という点に異議を唱えたのです。皇室の存続が危ぶまれたためのことでした。

そこで八月十四日、再度御前会議が開かれました。陸軍大臣は涙ながらに徹底抗戦を訴えました。そのうえで、再度御聖断を仰ぐこととなります。

そこで天皇陛下は、「戦争の継続は不可能。自分の任務は祖先から受け継いだこの美しい日本を子孫に伝えることである。国民の生命を助けたい。それにこのまま戦い続けることは、世界人類にとっても不幸なことである」と語り、終戦が決定しました。

八月十五日に終戦の詔勅（しょうちょく）が出されたのは、ご存知の通りです。人間同士が殺し合う悲惨な戦争。負ければ恨みが残り、争いは永遠に続きます。遺恨が残らぬよう敗戦とはせず、終戦とされました。

八月二十八日、マッカーサーが到着。九月二日、降伏文書に調印。九月十七日連合国軍総司令部（ＧＨＱ）設置。

そして九月二十七日、昭和天皇はマッカーサーを訪れます。マッカーサーは、命乞いと国外逃亡を願いに来たと思ったそうです。マッカーサーの知っている世界の国々の国王は、戦争に負けると命乞いをして、ほとんどが国外に逃げ出していたからです。

いたそうです。

「どうせ命乞いに来たのだろう」と言って、部下にも「出迎えも見送りもしない」と宣言して

しかし、昭和天皇の口から出た言葉は、

「今回のことは全く私の責任です。私はどうなっても構わないから国民を守ってほしい」

ということでした。

マッカーサーは度肝を抜かれたそうです。天皇陛下は無私の人なので、やましい心のある人は震えてしまいます。

昭和天皇とマッカーサーとが写った有名な写真があります。腰に手を当てたマッカーサーのポーズは有名ですが、本来はもっと不遜なポーズを決めたかったようです。しかし、あの写真のポーズが占領軍の将として精一杯のポーズだったようです。

昭和天皇を尊敬するようになったマッカーサーは、飢えに苦しむ国民を救って欲しいという陛下の願いの通りに、本国のアメリカから大量の食糧を日本に届けさせました。一千万人以上が餓死するであろうと思われた当時の国民は、これで救われたのです。

その後、日本人から千通を超える手紙がマッカーサーに届きました。当時、連合国の間で「敗戦国の元首は死刑にしろ」と言われていた時分のこと。手紙の内容は、「私たちの生命はどうなっても良いから、陛下をお助けください」というものだったのです。ほとんどの手紙は、正々堂々

と差出人の住所と本名が書いてあり、中には血判まであったとか。

天皇は自分の身はどうなってもいいから国民を助けてほしいと懇願し、国民は自分たちの身はどうなってもいいから天皇陛下を助けてほしいと懇願したのです。まさに君民一体であり、祈り合いの一即多（中心即全体）でした。マッカーサーがさらに驚いたことは、言うまでもありません。

その後、昭和天皇は敗戦に疲弊している国民を慰撫するため、全国を御巡幸なされます。そこで外国人カメラマンが同行して記録をとることになります。敗戦の王は、民衆になぶり殺しにされるか、亡命するか。きっと国民から罵倒され石でも投げられるに違いないと予想して、その模様を記録に収めてやろうという魂胆だったようです。

しかし、実際には危害どころか、土下座までして日の丸を振り、涙を流しながら、陛下をお迎えしたのでした。陛下は、瓦礫の山の中にも平然と飛び込んでいかれ、人々とともに復興の誓い合いをなされたのです。このような美しき君民一体の国は、他にあるでしょうか。

以後、八年を費やして、国内千四百カ所を御巡幸されました。その距離はおよそ地球一周に相当する距離でした。行幸とは言っても寝るところもない場合も多々あり、列車の中で寝たことさえあったようです。

戦争中のことですが、御所が焼けたことがありました。以来、防空壕である御文庫に寝泊まりするようになったのですが、戦後になっても御所の修繕などは行わず、防空壕でもあった御文庫に、十六年間もの間、寝泊まりしていたそうです。それは「今は、国民が困っているときだ。自分の所は後で良い」という昭和天皇の御意志だったそうです。昭和三十七年になってようやく、新しい御所ができ、住まいをそちらに移されたそうです。

昭和天皇の御意志は今上陛下に受け継がれ、今上陛下も、天皇におなりになってから全国を行幸されました。昭和天皇が唯一訪問できなかった沖縄も訪れになり、平成十五年、ついに四十七都道府県すべてご訪問されました。

東日本大震災の後には、何度でも被災地を訪れられ、その移動距離は四千キロにもなるそうです。福島の河内村除染作業も自らの御意志で見にいらっしゃいました。原発からわずか三十キロメートル以内のところです。心やすく除染作業者のそばまで近寄られ、声をかけられたこともありました。

平成二十四年には、心臓バイパス手術を敢行されました。それは、東日本大震災一周年追悼式にお出になるための御決意だったそうです。その間、ご公務をお休みになったのは、わずか二ヶ月でした。まさにお父上である昭和天皇に神ならいされていらっしゃいます。全く私がないのです。

昭和天皇は、大東亜戦争当時も専制君主制ではないゆえに力はなく、それでも平和の解決を何度も軍や政府に意見されてこられました。法的には戦争責任はないにもかかわらず、「すべての責任は私にある」と、御身を投げ出された昭和天皇……。まさに無私無欲の聖のお方、聖とは「日知り」。日の神天照大神の大御心そのままの、聖・神そのもののお方だったのです。

日月無私照

昭和天皇の座右の銘は「日月無私照」でした。『礼記』にある言葉で、「太陽や月は私心なくすべてを照らす」。つまり、公平無私な心を示しています。

東郷平八郎元帥が東宮御学問所の総裁となり、昭和天皇の御養育係で五箇条の御誓文と教育勅語に基づいて御養育に当たられました。

五箇条の御誓文も教育勅語も、ごく当たり前の事が書いてあります。

それはまた三種の神器に象徴される心でもありました。

八咫鏡は「私のない叡智」を表し、八尺瓊勾玉は「慈しみの心」を、草薙剣は「正しい勇気」

を表しています。

昭和天皇がまだ幼少の頃、学校の先生が御学友と幼い天皇に質問なさいました。

「仁徳天皇が高倉に上って村落を眺めたところ、家々から煙が上っていないことに気づいたという。そこで天皇は税の徴収を三年間停止した。どうしてこういうことになったと思うか？」

御学友の誰もがうまく答えられませんでしたが、幼い昭和天皇は次のように答えました。

「それは、神功皇后が三韓征伐のために出費を重ね、国が疲弊したからです」

このように昭和天皇がしっかりと答える姿を見て、東郷平八郎は「なんと正しい見識だ」と感服したというエピソードが遺されています。昭和天皇は幼少のみぎりから高い見識をお持ちだったようです。

昭和天皇は、昭和六十三年九月、突然の下血と吐血で危篤状態に陥りますが、わずか一ヶ月前の、その年の終戦記念日の記念式典には、無理を押して御出席されていました。それからお隠れあそばされる数ヶ月の間、痛いとか苦しいとか一言もおっしゃらなかったとのこと。お聞きになることと言えば、

「今年の稲作はどうか。沖縄の台風はどうか。被害に遭われた方はいないか」

最後まで、私なく、ご自身がご病気であるにもかかわらず、国民のことを第一にご心配になっていらっしゃいました。

昭和六十四年一月七日、静かにお隠れになります。この日はまるで日本中が静まりかえったかのようでした。

二月二十四日、大喪の礼が執り行われましたが、その日は全世界の悲しみを象徴するかのように氷雨が降っていました。この日、私も皇居前の内堀通りにて、陛下を涙ともにお見送りさせていただきましたので、よく覚えております。

天皇（スメラミコト）と私たち

先に述べたように、天皇と国民は親子の関係であり、世界の覇道国家のごとく、征服者と被征服者の関係ではありません。天皇は征服者でもなく統治者でもなく、この日の本の国がいつの間にかできたように、天皇・皇室もいつの間にか存在し、成り生っていったのです。『古事記』や『日本書紀』でも、国の民のことを大御宝（おおみたから）と称え、そして天皇と民を、おおやけ（大屋）とやっこ（家の子）と呼んでいたようです。敬い合い祈り合い、感謝し合い称え合う関係……これが、この日の本の、美しき在り様なのです。

諸外国の王家には、このような在り方はありません。王と民は、ともすれば対立し、相争う……、そのような歴史が繰り返されてもきました。

私たちは皆、天皇の赤子、ゆえに皇民であり、そしてこの国を皇国と呼ぶのです。ゆえに天皇は、皇民（おおみたから）を代表して、神話の約束を、日々の祈りとともに継承更新され、その御徳を、日々新たに弥益しに益されておられます。

天照大御神様のご子孫であり、天皇御自ら、そのことをご自覚され、すべての責任を一身に背負われています。一切の責任を背負われるゆえに一番偉く、そして、何も持たれず、私というものがないゆえ、最も低きところにおられ、だからこそ最も尊いお方なのです。

親である天皇は、決して臣民（おおみたから）を責めたりはしません。その行為の責任のすべてをその御身に背負われます。そして、その時代の人々の行いとともに、この世から神去られるのです。私たちは、畏れ多くも天皇の知らしめしておられるその御姿に、自らの生き様を問うていくのです。

私たち自身もまた、己の人生のすべてを自分の責任として引き受け、果たさなければなりません。神様にお願いして、何とかしてもらおうとするのではなく、自らの御霊を清め、切磋琢磨しながら、より良き未来のために、弥栄のために働き、神話の約束とともに、この宇宙を、地球の修理固成に寄与していくのです。

この日の本は、天皇が中心として、また現人神の模範として御座（おわ）します。

無私無欲の天皇は、太陽のごとく遍くを照らされ、私たちはまた、この人間的美徳に神ならいしながら、お天道様に恥じないよう己の分を全うし、孝道を尽くしていくのです。

それが、悟りとか覚醒を超えた、この日の本の、美しき在り様なのです。

第四章

清めの道――日本の精神に息づく神道

禊祓いに始まり、禊祓いに終わる

日本は、神話が生きている奇跡の国だということを述べてきました。神話に描かれていることが、現代の私たちの心にも息づいています。そして、さまざまな文化の中にも活きています。私たちが、改めて「神ながら意識」を自覚して、神ながら、神ならいして生きていくための道を、少しずつ探っていきたいと思います。

神ながらの道の根幹をなすものは、鎮魂であるといっても過言ではありません。

まずは、その鎮魂と表裏一体をなす、禊祓いについて、改めて見ていくこととしましょう。

神ながらの道の根源的思想は「清明正直」。そして、その思想の中核は、「禊祓いに始まって禊祓いに終わる」です。

「禊祓い」とは、汚れを去って清浄になることですが、その究極は神の分霊である本来の自己に還る、つまりは直霊を顕現し、天晴れと、永遠の生命をうれし楽しで生き通すことです。

先に述べたように、この日の本の本来の思想に、善悪という二元の考えはあまりなく、清浄であるかそうでないか、ということです。ですから、「あの野郎は悪い奴だ」という言い方より、「あの野郎は汚い奴だ」という言い方の方が、何かしっくりくることがあります。

西洋的な思想では、善か悪かで区別・判断します。ハリウッド映画などは、それがわかりやすく、善が悪を滅ぼし、めでたしめでたしで終わるわけです。

神ながらの道の思想、その「禊祓い」は、悪というものを排除する、というものではありません。神道の根源的思想は「清明正直」。汚いものはきれいに掃除し、曲がっているものは真っ直ぐに直すということが、「禊祓い」の在り方なのです。

「禊祓い」の「祓い」の原義は、「晴らし合う」「晴れ合う」の複合語ともいわれており、何かを排除するのではなく、本来の晴れやかな、美しい姿に戻すということです。従ってここには、ただ悪や汚れを取り去れば良いというご都合主義的なものはなく、その在り方、本質を問うていくのです。

そして内なる神を顕現していく。これが、「禊祓い」の奥義であり真髄なのです。

さらに付け加えるならば、私たち人間だけが清められれば それで良いということではなく、自然界をもあるべき姿、清い姿に置き直すことによって、自分も周りも、世界も宇宙をも調和させていこうとする、公の「禊祓い」が究極的な目的となるわけです。

しかし、「修身斎家治国泰宇宙（しゅうしんせいかちこくたいうちゅう）」といわれるように、まずは自分の「禊祓い」です。それはまず、自己の中の罪穢れに対する自覚から始まります。

そこには、ありのままの自分を恐れない勇気が求められ、ありのままの自分をそれこそ、そのまま見つめていくわけです。後に述べますが、伊邪那岐神がそうされたように。

自分の中の真っ直ぐでない心、歪んだ心を自覚し、自分を欺かず、浄化していく工夫を行っていきます。そこから、本来の光である自分が、少しずつ顕現されてくるのです。

ここで、「工夫」という言葉を使いましたが、この工夫は、自己との対話といっても良いかもしれません。祓いの奥義はまた、「問わし祓い」ともいわれています。大祓詞の中に「神問わしに問わし給ひ」とあるように、自己と何度も対話し、和解していくのです。

これが「神和し」であり、ただ追い払うということとは全く質が違うのです。

禍事も、穢れも、あるがままの自分であり、その自分を否定することからは何も生まれません。新たな争いを自己の中で、そして外側の世界に生じさせるだけになってしまいます。

しかしながら、この日の本の人々は、禍事すらも、禍津神という神様として称えてきました。この禍事があるからこそ、善事がその中から現れるので、それはそれで神的な役割があるというわけです。

ですから、神ながらの道に否定はありません。対立を、無対立にしていくべく努力工夫を重ねていくのです。禍事すらも神とし、すべてをあるがままに受け入れ、見直し、聞き直し、言い直しをして、美しい姿へと、質の変換をはかろうとしていきます。

また、それぞれが納まるべきところに納まり、それぞれが本来の役割を果たしていくように「言向け和し」ていくのです。

鬼や禍津日にいたるには、それだけ深い苦しみや悲しみがあって、その事を聴いて問うて、理解することこそ、真の祓いと鎮めになるのです。憎しみ恨みは、敵意では消えないのです。

これが調和した世界であり、まさに高天原なのではないでしょうか。

私たちは、この調和した高天原を、この地上に顕現するために、天皇に神ならいしながら、己の分を全うすべく働いていくのです。

善悪二元論ではなく、表面に現れたものだけにフォーカスし、それをただ取り去れば良いという在り方ではなく、なぜ今そうなのかと問いながら、理解し和解し、統合に向けていくのです。

すべて神の現れであるという思想。そしてどんなものにでも役割があり、すべてで宇宙が成り立っているのだという「和」していく在り方、結び（産霊）の世界の概念。

これが、神ながら意識であり、この日の本の「禊祓い」の在り様なのです。

鬼に逢うては鬼と唄い
魔に逢うては魔と呑み明かし
闇に迷いては闇に横たわりて
呵呵と笑い

鬼も魔も闇も抱きて

山のごとくに　海のごとくに
天地のごとくに

盤石自在の大いなる心にて

そう　すべてを愛しく抱きて

2012.10.11

笑って祓って　天晴れと生きるが
神ながらの道・・・

禊祓いの原点

我が国の禊祓いの伝統は古く、『古事記』の伊邪那岐神が筑紫の日向の橘の小戸の阿波岐原にて禊祓いをした場面に明確に記されています。

愛しい亡き妻、伊邪那美神に一目会いたいと黄泉の国を訪れましたが、伊邪那美神はすでに黄泉の食べ物を食べてしまった後でした。つまり、黄泉の世界と同化していたのです。見るなと言われたのに見てしまうと、そこには醜悪な伊邪那美神の姿がありました。

あまりの恐怖に声を上げてしまった伊邪那岐神を、伊邪那美神は羞恥に怒り心頭に発し逃すものかと追いかけます。ようやく逃げ切った伊邪那岐神は、黄泉比良坂にて別れを告げます。

そして、筑紫の日向の橘の小戸の阿波岐原にて禊祓いをします。最初に身につけていたものをすべて脱ぎ捨てます。衣服を脱ぎながら、自分が身につけていた地位も名誉もプライドもすべて脱ぎ捨てて丸裸になるのです。その過程でいくつもの神様が生まれます。

次に、瀬に身をすすぐ中で、最初、黄泉の国のケガレから身削がれた禍事から神様が生まれ、次に、凶事を福に転じる神様が生まれます。

そして、左目から陽の天照大御神(あまてらすおほみかみ)、右目からは陰の月読命(つくよみのみこと)、鼻からは建速須佐之男命(たけはやすさのをのみこと)が生まれます。

このように禊祓いは同時に創造を伴うのです。あらゆるツミ・ケガレを祓いに祓って、執着を手放した後、そこから新しい生命が生まれるということを示唆しています。

恐ろしい伊邪那美神の姿を見た伊邪那岐神は、はたと気づいたのです。

「自分は妻を恋しがるあまりに妻の死を信じることができず、死というものに向き合っていなかった。死も絶対であり、生も絶対だ。この法則から誰も逃れられない。生死を超えて天晴れと生きていこう」と決意を新たにしたときの姿が、禊ぎの姿なのです。

禊祓いは生まれ直しであり、新たな創造でもあるのです。

罪と穢れ・祓いと禊ぎ

ではここで、我が国の「罪」と「穢れ」の概念に触れながら、「禊ぎ」と「祓い」について、もう少し詳しくみていくことにしましょう。

「穢れ」は気枯れのことであることは、これまで既に述べてきました。生命エネルギーである「ケ（気）」が枯れたり、離れたりした状態を指します。

古語では「離れる」を「かれる」とも読みますので、「気離れ」ということです。まさに気が離れ、心ここにあらずの状態のことです。外出しているときに、家のことが気に掛かったり、やり残した仕事を気に掛けたり、子供やペットの心配をしたりすることは、気が自分から離れているわけです。

気枯れとは、このような気掛かりから起こるもので、気に掛けているところに魂の一部を置いてきてしまっている状態のことを言います。

明日や未来のことが心配や不安だという場合には明日や未来に、過去にしたことへの後悔が消えない場合は過去に、誰かへの想いがぬぐい去れない場合は、その人のところに自分の魂の一部を置いてしまっているのです。

魂の一〇〇パーセントがこの肉体に鎮まっていない状態です。このように魂が時空を超えて、あちこちに散らばっていると、自分の生命の振動数が、つまりは生命力が低下してしまうこと、気枯れとなってしまうことは容易に想像がつくことと思います。

ましてや、生きていれば何かあるのは当たり前。心が動揺し、驚き、意気消沈し、不安や心配で、魂はあちこちに飛び散ってしまいます。

しかしながらこの現象は、本来の生命の在り様にとっては、ある意味不快なことです。自分の一部が、どこかに行ってしまっているのですから。

「禊ぎ」とは、その不快感から脱却し、心機一転、天晴れたる清々しき清浄感を取り戻すための、生命の本能の在り様でもあるのです。

つまりは、あらゆる拘束、囚われを解き放つ「身削ぎ」のことであり、清め洗い流す「水注ぎ」のことであり、そうして起きる「霊注ぎ」のことなのです。

不快を感じたら、そのたびごとに生命の本能として禊ぎが行われ、不快を感じなくとも、清明正直(せいめいせいちょく)であろうとする内なる神、直霊の働きによって日々の禊ぎが行われるのです。

「禊祓い」とは、何も欲を捨て去ろうとすることではありません。

人には当然ながら欲がありますが、神ながらの道では、この欲を否定したり、「無欲無執着になりなさい」等という教えも、そのための修行をすることもありません。

欲もまた、自然ながらで、欲があるからこそ、さらにもっとと創造進化していくことができ、さらなる弥栄（いやさか）への実現に向かって切磋琢磨し、大いなる貢献を果たしていくことができるからです。

されどこの欲は、もっともっとと昂ぶり暴走し、その気掛かりが、荒ぶる破壊のエネルギーと化していったりもします。

これもまた、自然ながらゆえ、そうならないように古来、この日の本の人々は、日々の反省、日々の禊祓いとともに、朝夕神前で「いただきます」の謙虚な心で手を合わせてきたのです。

このことは、この日の本の人々の、大いなる智慧だったのかもしれません。

それでは、「罪」とは一体何でしょう。

本来、神の顕れである生命に罪などというものがあろうはずはありません。

もし罪と名付けるものがあるとすれば、それは生命の過った使い方（過ち）でしょうか。

気掛かりがあれば気が枯れ、生命の振動数が低下します。その不快からの脱却のために、出直そうとするのが禊ぎですが、この不快を無視し続け、それが「積み」重なって「罪」となるのです。

この不快の無視が、生命の過った使い方であり、その結果、生命のエネルギーは淀み停滞し、ついにはスの根源の振るえからも、内なる直霊の振るえからも遮断されてしまいます。

「罪」とは、直霊という内在神が、気掛りという曇りに「包み」隠された状態でもあるのです。

これまで何度も述べてきたように、一即多であるゆえ、個人はまた宇宙全体でもあるゆえ、個人の淀み停滞は、宇宙生成化育、生産の妨げともなります。

それはまた、実際に不調和な行為となって現れますが、そのことは『古事記』の中にも、須佐之男命の暴挙として描かれています。

その不調和な行為そのものはまた、生産の妨げとなるのです。

不快を無視して、穢れ・気枯れ、気掛かりが積み重なって罪を生じてしまったら、この状態を解除（はらえ）するためには、エネルギーの等価交換が行われる必要があります。つまりは、代償を支払わなければなりません。

これが、祓い（払い）なのです。

須佐之男命も、その罪の贖いとして、髪の毛や爪を抜き取られ、高天原からも追放されます。代償を支払ったわけです。

罪は、神主から祝詞を上げてもらったり、修祓（しゅばつ）をしてもらっただけで、完全に祓われるものではありません。罪の代償として、御神前にさまざまな贖いものを差し出すことも、エネルギーの等価交換、払いにあたります。

「執着を手放します。私がしたことの行為の結果を引き受けます」

「全体に対して、この生命に対して申し訳なかった」

と反省し、出直し、やり直すための誓いを立てるのです。贖いものは、その証でもあります。

その行為の結果は、実際に病気として現れるかもしれません。

事故やさまざまな障害に遭うかもしれません。

それを反省とともに、引き受けていくのです。

しかしながら、それらの現象は、すでに代償が支払われて「祓い」が起きているということですから、その「祓い」に委ねていくことが大事となります。抗うことは、争いを作り出すことであり、さらなる気掛かりを生んでいくことでもありますから。

「現れた姿は消え行く姿だ」と、白光真宏会の五井昌久さんもよくおっしゃっていたようです。罪として現象化し、表面に現れているということは、それは祓いが進行しているのだと理解し、そうなった自分の、これまでの在り方を反省し、その大いなる神はからいに感謝し、起きた出来事の一つ一つを、引き受けていくのです。

須佐之男命は、罪の贖いとして高天原から追放されましたが、その後、八岐大蛇（やまたのおろち）を退治し、大いなる神として神格を上げていきます。

須佐之男命の暴挙によって、岩戸隠れした天照大御神も、さらなる光となって現れます。まさに、禍事・禍津日神から、善事・大直日神が生まれたといっても良いでしょう。罪・禍事は、大いなる反省により、大いなる光を生み出すための神はからいだと知り、自ら生じさせた過ちを克服し、乗り越えていくのです。

全体のために、神の分霊であるこの生命のために、反省と感謝と勇気とともにすべてを受け入れ乗り越えたとき、さらなる直日（本来）に還れるのですから。

そしてそれはまた、宇宙全体の、さらなる岩戸開きともなるのです。

このように、「禊ぎ」と「祓い」は厳密には違いますが、どちらも、本源・スに還るための、そして全体を清めなし、晴れ合うための、弥栄のための、元つ初めの、神意なのです。

神ながらの道に善悪はありませんが、あるとすれば善は過ちを克服した姿といえます。

「禊祓え」とは、この過ちを克服していくプロセスのことで、人は何かを克服し、乗り越えていくたびに、より善へと、うれし楽しへと、弥栄へと、岩戸開きしていくのです。

鎮魂（みたまふり）

これまで、鎮魂（みたまふり）と表裏一体をなす禊祓いについて触れてきましたが、ここで、その鎮魂について、述べてみることとします。

この章のはじめに、神ながらの道の根幹をなすものは、鎮魂であると申し上げました。

それは、鎮魂なくして、神である我を生きることは能わず、八百万（やおよろず）の神の一柱の神として、この宇宙生成化育、さらなる岩戸開きに寄与していくことができないからです。

「みたまふり」の「ふり」は「振り」であり「降り」であり、まさしく己の振動数が上がり天晴れと千早振り（ちはやぶり）、天地の振るえが降り注がれて、澄みきりに清まっていくことなのです。

それは、気掛りによってあちこちに遊離拡散していた魂が、内なる宇宙・腹（高天原）、中府（なかご）に鎮まり納まることでもあります。

逆に言えば、禊祓いの極まった姿が鎮魂であり、遊離拡散していた魂が、すべて己の中に納まっていくゆえに、本来の生命の振動数を取り戻していくことができるのです。

魂が鎮め納まることでもあるので、「鎮魂（ちんこん）」と当て字をしたようですし、禊ぎと表裏一体でもあるので、「鎮魂禊（ちんこんみそぎ）」と一口に言ったりもします。

また、「ふり」は「ふゆ」でもあり「増ゆ」であり、内なる宇宙・腹（高天原）に鎮まり納まった魂は、宇宙の絶え間ない生成化育とともに進化増殖していきます。

この鎮魂の大事は、我が国の智恵として伝えられ、また古代の人々にとって、それは自然ながらのことでした。

神ながらの道では、私たちの魂を「火の気（ほけ）」と呼ぶことがありますが、この魂はもともと陽の性質であるゆえに、フワフワと浮かれがちです。

それが気掛りと相まって、魂がこの身体に留まることは困難ともいえます。

古代の人々は、このことをよく心得ていて、鎮魂によって、魂と身体の完全密合一致をはかり、積極的に神である我を生きていこうとしてきました。

この鎮魂ができているからこそ、善とか悪とか、正しいとか間違っているとかではなく、生命の本来の在り様にとって快なのか不快なのか、恥ずかしいか恥ずかしくないのかを、きちんと感じ取れることもできるのです。

「自分の胸に聞いてみなさい」も、鎮魂あってのことなのです。

古代の人々は、鎮魂をすることで、生きるうえでの選択、判断を求めていたようです。

外側の固着した、誰かが書いた教えや決まり事に判断の基準をおくのではなく、その時その場、適宜相応の神意をその都度、鎮魂して知ろうとしてきたのです。

鎮魂の究極の御姿が、現人神としての天皇・スメラミコトですが、古代においては公の人から名もなき庶民にいたるまで、この鎮魂という概念が当たり前のごとく浸透していたようです。

万葉集の詠み人知らずの娘の歌にも歌われています。


魂は朝夕べにたまふれどあが胸痛し恋のしげきに

「朝な夕なに鎮魂して魂を鎮めようとしているのに、恋する想いが激しく動き胸が痛い」という恋の歌です。

万葉の庶民にまで、鎮魂という行為が一般的であったことを、うかがい知ることができます。

古代の人々は、今の人たちよりもっと天地とたおやかにつながっていたので、少し意識すれば、この鎮魂ができていたはずです。

しかしながら今の私たちは、情報過多の中で埋もれ喘ぎ、そしていつしか天地とも切り離され、古代の人々には想像もつかないくらいの気掛りの中で、我を見失っているともいえます。

時代が下るにつれて、人々の気掛りが暗雲のようにこの地球を覆い、その集合意識によって、高天原からの光も遮断され、日（霊）止の心の深奥の鏡も曇りに曇って、日の光も映らなくなるであろう……そのように先人たちは予想したのかもしれません。

先人たちは、遠い未来の子孫のために、鎮魂が可能となるその作法を、その叡智を、鎮魂禊行法という形で伝え残そうとしてきたのに違いありません。

祓い清め、生まれ直しのシステムである神社参拝は、鎮魂禊を体験するプロセスではありますが、日常比較的簡単にできる鎮魂禊の方法を、後の項でお伝えさせていただくことにします。

この日の本の鎮魂は
瞑想や禅のごとくに鎮静するもの
にはあらじ
独楽のごとくに動きて
その動きの静かに澄み切りて

あたかも不動のごとく
天地をつなぐがごとく

真っ直ぐに清(きよ)まわりて

その振へるがゆえに　動かず
その振へるがゆえに　最も動いて
最も静かなる

点即天　一即多の道なり

ふるへ　ゆらゆらと　ふるへ

永遠不滅の我……禊祓いの心

神の御顕（みあれ）である私たちは、御先祖様、祖神・伊邪那岐神、伊邪那美神の二神、そして本源「ス」へと連なっていて、それはまた永遠の巡りそのもの。

今、この瞬間の私たちは、祖先の代表であり、未来の生命の代表であり、一即多、中心即全体。生り成っていく連続体であり、同時に根源に帰一していく永遠不滅の生き通しの我なのです。

今の中にも、未来にも、過去にも同時に存在しています。ですから「永遠の中今（なかいま）」の中で、永遠の未来と、永遠のはじまりに向かって、永遠の今を、言祝（ことほ）いでいくのです。

今が清くあれば、未来も清くあり、過去も清くあるのですから。

死んだらどうなるかを考える暇があったら、今をどう生きていくかを考え、悟りとか覚醒を目指す暇があったら、より善く、より美しく、より安らけくあるべく、今を油断なく、いよいよ美化善化していくべく、今、今、今と、禊祓えの心で生きていきたいものです。

そう、毎朝、毎日、毎年、新たに生き直し、毎朝、毎日、毎年を祝福し、今ある立場の中で、己の分を全うしながら、ますます生かされて活きていくのです。

何かあったら、また裸一貫、一から出直せば良いのです。

伊邪那岐神が小戸の阿波岐原にて、己のこれまでの想い、執着、立場を、ことごとく脱ぎ捨てていったがごとく。

この伊邪那岐神の心、「イザ！　行かん！」と、晴れ晴れとやり直す心が大和の心であり、その都度、今も、未来も、過去も、天晴れと清まっていくのです。

それが、与えられた生命への返礼でもあり、生と死を超えた、本当の祈りなのかもしれません。

天地(あめつち)の初発(はじめ)・・・
それは　今であり　常であり
私であり　あなた・・・
その刹那が　その呼吸が　その振るえが

いつでも　常に　永遠に
初発なのです・・・
だから　私は　あなたは
こうして　その刹那に
生と死の永遠を
新たな初発として
煌いているのです・・・
数多（あまた）を清めるがごとくに・・・

日々の鎮魂禊行法の実際

鎮魂禊行法は、何も特別な場所に行かなければできないものではありません。ここでは、誰でもが、その気さえあればすぐに実行できる、その方法のいくつかをお伝えさせていただきます。鎮魂と禊ぎは表裏一体なので、ここではあえて「鎮魂禊行」という言い方をさせていただきます。

・鎮魂禊行

まずは、水での鎮魂禊行。

水はすべてを浄め、清らかに洗い流してくれます。水は生命の源でもあり、そして光そのもの。

この身体は、己れ一人だけのものではありません。

御先祖様からの連なりであり、神明の御座、神座（かみくら）でもあるこの身体・神体を、常に清めておくことは当然のことといえます。

もちろん、この行は身体・神体を清潔に保つだけのものではありません。冷水を浴びることによって、身体的・精神的に緊張を生じさせ、その衝動・振るえにより、遊離拡散していた魂が我が身に戻り、だらだらと広がっていたオーラがギュッと引き締まり、千早振って天晴れなる心持ちとなります。

水での鎮魂禊行を毎朝続けていると、自分にとって好ましくないエネルギーの影響を受けにくくなり、いわゆるオーラが強くなります。また、風邪も引きにくくなりますし、肌も艶々と若返ってきます。

我が国の神道は、あまり荒行は行いません。丁度良い、という感覚を大切にします。我慢大会ではないので、水を浴びる時間は短くて良いのです。

身体に冷えを取り込むことも好ましくはありません。

身体に冷えが入ったなと思う、その前で止めるくらいの時間が丁度良いのです。

この水での鎮魂禊行、次の方法を参考にしてみてください。

脱衣所で服を脱いだら、胸から鎖骨にかけて粗塩を少量、軽く塗ります。シャワーの冷水で手を洗い、下半身を洗い、顔を洗い、口をすすぎ、胸のあたりを洗います。そして、シャワーヘッドをフックにかけた後、首の付け根、いわゆる盆の窪あたりに水を浴びるようにします。

このとき、合掌印を組み、水を浴びている間は、禊祓詞を奏上すると良いでしょう。幾通りもの禊祓詞がありますが、ここでは『古神道祝詞集』（大宮司朗監修／八幡書店）から、次の二つを紹介します。いずれかの祝詞を奏上してください。

禊詞

掛けまくも畏き伊邪那岐大神。筑紫の日向の橘の小戸の阿波岐原に御禊祓へ給ひし時に生り座せる祓戸の大神等。諸々の禍事罪穢有らむをば。祓へ給ひ清め給へと白す事を聞こし食せと。恐み恐みも白す。

禊祓詞（みそぎはらへのことば）　水濺祓（みそぎのはらい）

高天原（たかまのはら）に神住 在（かみとどまりましま）す。神漏岐（かむろぎ）神漏美（かむろみ）の命（みこと）を以（もち）て。日向（ひむか）の橘（たちばな）の小戸（をど）の檍原（あはぎはら）の九柱（ここのはしら）の神等（かみたち）。阿波（あは）の水戸（みなと）を速吸名戸（はやすひなど）の六柱（むはしら）の神等（かみたち）。諸（もろもろ）の障穢（さはりけがれ）を祓玉（はらひたま）ひ。清（きよ）め給（たま）ふと申（まを）す事（こと）の由（よし）を。八百萬（やほよろづ）の神等（かみたちとも）に聞看（きこしめ）せと申（まを）す。

禊祓詞の奏上は、御神霊・祓戸大神のお力によって祓い清めていただくという祈りでもあります。

水は光であり神霊であると思念し、その澄みきりの振動を我が身の深奥まで及ばせ、心、魂、身体一体の浄めを行うという心持ちで、祝詞とともに水注ぎ、霊注ぎ、身削ぎを行うのです。

禊祓詞は、ゆっくり奏上しても三十秒ほどですが、唱え終わった後、二拍手して終えます。

最後は、シャワーの圧を強めにして、落ちた穢れを浄めるつもりで床を洗い流してください。「トホカミエミタメ　祓い給え　清め給え」という、三種祓詞を唱えながら床を水で流すと、さらに良いかもしれません。

この三種祓詞は、三種大祓と言ったり、別の唱え方もあったり、「トホカミエミタメ」の意味もさまざまにいわれていますが、「永遠に神は微恵美給う……」つまり「穏やかに親しみ、懐かしく笑って生きることが、神ながら道そのものなり」と理解してみてはいかがでしょうか。小賢しい理屈はさて置いて、この心こそ、日の本の心持ちであって、水で禊ぎして、まさしく「天晴れなり」という感じです。

三種祓詞は、短いですが祓い清めの力の強い言霊ですので、さまざまな場面でご活用ください。

私も、この水での鎮魂禊行を、自宅であろうが出張先であろうが、毎朝一日も欠かさず行っています。

冷水を浴びることは、慣れないうちは辛いかもしれません。特に真冬などは勇気が必要かもしれません。

しかしながら、「イザ！」というイザナキの心をもって、内なる神を振るい起こしてやってみてください。きっと、その後のあまりの清々しさに、また明日もやろうと思うに違いありません。

神社参拝の際の手水舎での禊ぎは、この水での全身の禊ぎを簡略化したものとなります。できればこのように、全身の禊ぎをしてから、神詣でを行いたいものです。

お湯に浸かって身体を洗うことも、心身を清浄に保つことにはなりますが、お湯は身体を弛緩させますので、鎮魂とはなりません。

朝に冷水で「イザ！」と身を引き締め、夜は温かいお風呂でリラックスして、明日の働きに備えてぐっすりと眠るというのは、理にかなっていることと思います。

朝起きて顔を洗うのも、簡略化された禊ぎともいえます。

この日の本の人々は、理屈や教えではなく、顔を洗わないと気持ちが悪く、洗えば清々しいゆえそうしてきたのです。

禊ぎの心持ちも本来はこれと同じで、禊ぎせねば気が済まぬからで、それは理屈ではないのです。

朝起きて顔を洗うのは、世界を洗っているのです。そのとき、鏡を観るは、天照大御神様への帰一。かのごとく八咫鏡（やたのかがみ）を拝し、神棚の前にて、パンパンと清らかなる音霊を発して新たなる岩戸開きを行い、家族お互いに「おはよう」と挨拶を交わし、祈り合いの一日を始める。

そう、すべてが神事なのです。

全身の禊ぎも、隣を清め、日本を清め、世界を清めるという大いなる心持ちにて、自らが伊邪那岐神であるという大自覚のもとに行っていきたいものです。

あと二つほど、簡単にできる鎮魂禊行の方法をご紹介します。

・古伝振魂行（ふるたま）

これは最も原初的で、最も簡単で効果的な鎮魂禊行法です。

身体を一生懸命に振動させるだけですが、その方法は、両手を組み合わせ、人差し指だけを立てた、剣印（つるぎいん）という印を組み、そのまま手を振動させ、その振動を全身に及ばせていきます。

三十秒から一分ほど激しく振った後に、その動作を中止し、全身の力を一気に抜いて弛緩させます。己を宇宙に投げ出すように、放心空白の時間を作ります。

このとき、荒れていた呼吸を鎮めていきます。完全に鎮まるまで待って、もう一回、この一連の動作を行います。

振魂行の「ふる」は、「ふり払う」の「ふる」であり、「ふるい起こす」の「ふる」であり、「降り注がれる」の「ふる」です。

つまり、もういらない古いエネルギーを振り祓うことであり、停滞して気枯れていた己の生命の振動数を意図的に振るい起こすことであり、新しい霊（エネルギー）が降り注がれることなのです。

激しい動作から一気に脱力して沈静する時間を作りますが、このときにエネルギー交換が起こり、つまり新たな霊（エネルギー）が降り注がれます。

とにかく理屈ぬきで、一生懸命、息を吐きながら、場合によっては声を出しながら、ただひたすら全身を激しく振るわすだけです。

そうして、神性（かむさが）を振るい起こしていくのです。

内なる神が顕現していくためには、外側に重たい穢れ、執着がまとわりついていたのでは、それはかなわないので、振って振って振り払い、振動数を上げ、千早振っていくわけです。

この動作は、背骨や骨盤の歪みの自動矯正にもなるといわれています。

水の禊行と同じく、心身はすっかり澄みきりに天晴れることと思います。

・言霊行

ここでは、「十言（とこと）の神咒（かじり）」をお伝えします。

「アーマーテーラースーオーホーミーカーミー」

と一息で、天照大御神の大御名を唱え奉ることを、十言の神咒と言います。

遥か彼方、奥津（おきつ）の大神様を称え奉ることは、その光の振動と共振していくことですが、それはまた、己の深奥の生命の輝き、つまり内なる天照を呼び起こすことでもあるのです。

そこに天照大御神が顕れ、光明が顕れ、高天原神界が顕れ、己の神性が顕れるという心持ちで、一息でゆっくりと発声していきます。

十回繰り返すと良いでしょう。

そうして、己の、世界の、宇宙の新たな岩戸開きを行っていくのです。

この言霊を息吹くときは、合掌印を組んで行ってみてください。

早朝、日の出とともに、太陽を拝しながら行うと、さらに効果的です。


比較的容易に、その気さえあれば、いつでもできる鎮魂禊行法を三つほどお伝えさせていただきました。神ながらの道は、実践道です。小賢しい理屈は置いておいて、ただやってみるだけです。

悟りの姿があるとすれば、それは、日々禊ぎを続け、鎮魂行を続けていく姿であり、日々創意工夫し、己を磨き努力精進していく姿であり、日々家族や周りの人と仲睦まじく過ごし、人に不快を与えず争わず、弥栄のために、己のやるべきことをやろうとする姿であるのかもしれません。

天地（あめつち）は
常に祓い清めることを旨とす

太陽や月　雨風によって
絶えざる浄めが起りて

再生と更新を繰り返し
永久（とわ）の巡りの振るへを成す・・・

人は天地の現われゆえ
禊祓いの心が起こるのはまた
自然なること

自然ながらの衝動によりて
我を　数多（あまた）を浄めていくのです・・・

道とは心を形に表し実践し続けること

「参道」とは「参拝の道」であり、神とつながる心の道であり、武道や茶道と同様の、心得や作法を体得し実践していく「道」であるということは、すでに述べさせていただきました。

作法は心を形に顕したものであり、その実践が道となります。同時に、自分が実践する前からそこに道はあるのです。私たちの実践を待ってくれているのが道です。

茶道の言葉だそうですが、武道をはじめ日本の芸事においては、守破離（しゅはり）ということがいわれます。技芸を身につけ、達人の域に達するまでに守・破・離という三つの段階があるという話です。

一つの流儀を学び、身につけるのが守の段階。その流派を基準として、他流を学び比較検討したり、応用変化を身につける段階が破。さまざまな流儀を自己の中で統合し、自己一流の技芸にまとめあげるのが離。このようにいわれています。

日本の文化は、先人が残してくれた型を学ぶことから始まります。型に我が身をはめ込むことで先人の心を追体験するのです。これは守にあたります。身につけた型とは流儀の異なる型を学ぶのが破。

型に我が身を当てはめてみたときに、もしもそこに禍事があったならば、それを「もっと良きものにしよう」「浄め直そう」とするのが、離であり、奥の稽古となるのです。

型稽古は先人の想念を追体験させてくれるものです。型そのものは変わることがありません。しかし型の中に、もしも先人のよこしまな想いが入っていたらどうでしょうか。そのよこしまな想いを追体験することが型稽古の意味なのでしょうか。

型稽古は、型から想念を学び、その想念に基づいて型をよりいっそう美しいものに仕上げていく行為なのです。型稽古を通じて、いかなるよこしまな想いも浄化せんとするつもりで、一所懸命に取り組むことが肝要です。

日本の「道」の稽古では、道具も「型」の役割を果たすことがあります。道具に己を合わせることで、己を超えるのです。

西洋の文化では、道具のほうを人間に合わせようとしてきました。

日本の弓とアーチェリーの弓を比べてみると、アーチェリーは的に当てるために合理的に改良が重ねられてきました。ところが日本の弓は、当てるための道具の改良よりも先人の型からその心を学び、当てることよりも今ある弓に己を合わせ、今ある的に己を合わせ、弓と我と的と一体化するための工夫を重ねてきたのです。

　ではここで、もう少し「型」について述べてみましょう。

　野村萬斎さんの本を読むと、幼い頃から徹底的に型を仕込まれたと書いてあります。子どもながらに、型を学び形だけはできるようになります。ある日、『腹鼓』という一子相伝の演目を演じたときのこと。

『腹鼓』は、人間国宝であり父である野村万作さんから教わった演目です。何度やっても何かが違う。試行錯誤を繰り返し、父の名人芸と比べてみたときに、気づいたそうです。形は寸分違わぬ形で演じている。しかし違う。何が違ったのか。それは心だったそうです。

　実は、父野村万作さんも舞台に立つたびに悩み苦しみ演じていたということを知ります。つまり、歴代の狂言師が悩み苦しみ演じてきたのです。その心を、型を通じて受け取り、萬斎さんの内面にも同じ悩み苦しみが生まれたのです。

　稽古を重ね、型を手掛りにして心の継承をしているのです。型を通じて、己の内から自ずと心が生まれたとき、初めてその型をものにしたといえるのでしょう。伝統の型は、先人の凝縮された心を伝える器です。

　はじめは型の伝える心などわかりません。それでもやり続けることに意味があります。やり抜いた後に、心がわかるかもしれません。しかし、最後までわからないかもしれません。それでもやり続けるのが、この日の本の伝統の道なのです。

　また、あるとき萬斎さんは、なぜ自分は狂言の稽古をしなければいけないのだろうという疑問を持ったそうです。どうして狂言師の家に生まれ、どうして狂言師にならなければならないのだろうか、と。父親に訊いてみたいと思いつつも、怖くて訊けなかったそうです。

　その後、萬斎さんにご子息が生まれます。自分自身が父親になりました。狂言師の家系ですから、当然のごとくご子息に稽古をつけていきます。初舞台も踏み、狂言師の道を順調に歩み始めていたご子息が、あるとき萬斎さんに訊いたそうです。

「どうして狂言をしなければいけないの？」

　それは恐れていた質問でした。自分も感じていながら誰にも訊けなかったことを、ご子息から質問されようとは思いもしなかったそうです。萬斎さんは、ご子息に「その答えはわからない。やり続けたらわかるかもしれない。しかし、やり続けたからといって、わかるかどうかもわからない」と答えたそうです。ご子息は、それを聞いて納得したのかどうかはわかりませんが、その後も稽古を続けたそうです。

　この話を読んで、これは狂言師に限らないことだと思いました。私たち一人一人、自分という人生を生きていること自体も同じことだと気づきました。自分という人間になぜ生まれたのか。どんな意味があるのか。それは、生き抜いてみないとわからない。しかし、生き抜いたからといって、わかるかどうかはわからない。だからこそ、生き抜くのだということを考えさせられました。

これもまた、道なのだという思いを強くしました。道は、初めからそこに存在しています。そこを歩く人がいなくても、すでにそこにあります。しかし、道は、その道を歩く人によって踏み固められ、道となっていきます。ゆえに道は常に新しく、また、その道を歩く意味は、歩いてみなければわかりません。しかし、歩いたからといってわかるとは限りません。それでもなお、私たちは、人の生命は、常永久（とことわ）に道を、さらなる始まりに向かって歩み続けていくのです。

道を行く者　その歩みし後は　蓮の花の咲くがごとく
道を行く者　その歩みし後は　鈴の音の鳴るがごとく
道を行く者　その歩みし後は　甘露の水の溢るるがごとく
道を行く者　その歩みし後は　羽衣の香りの漂うがごとく

しかして道を行く者は　その辿り着く先を知らず
倒れてもなお歩み続ける

アルメニア共和国よりアララト山を臨んで祈りを捧げる筆者

しかして道を行く者は　その意味を問い続けるも
その答えを得ず
倒れてもなお歩み続ける

いつしか道を行く者は　その意味を問い続けることも忘れ
道そのものとなる

道は満ちて光となり　光はまた　歩みし者を映し出す
その歩みし者の後　光ありて　また光あり

蓮の花の咲くがごとく
鈴の音の鳴るがごとく
甘露の水の溢るるがごとく
羽衣の香りの漂うがごとくに

際（きわ）を生きる

先に述べましたように、私たちには欲があるからこそ、もっと良くしていこうと努力工夫し、さらなる弥栄へと貢献していくことができます。欲は創造の源でもあります。

しかし、また一方で、この欲は、もっともっとと暴走し、破壊へのエネルギーの源ともなります。

また、私たちは生きようとしないと生きられず、そしてまた同時に、天地に生かされることなしに生きることはできません。

創造と破壊、自ら生きるということと、他に生かされているということ……。

自我であり真我、個であり全体……。すべてが裏表であり、そして、どちらでもあってどちらでもない……。

そう、それは、巡りの、同時存在なのです。

開くは閉じるの始めであって、生まれるは死するの始めであるがごとく。この巡りの同時存在を、神ながらの道では、「永遠（とわ）の中今（なかいま）」と言うのです。

それはまた、相対ムスビの際（きわ）のことでもあり、その際に立つ心を大和心と言うのです。

華道の活花は、切り取って死んだ花を活かしています。死を活かす道が華道であって、合気道も、殺し合いの武術の技の磨き合いを通して、禊祓いの神ながらの道を歩もうとしていきます。


世界で最も美しい美術品は、日本刀です。人を殺す道具の日本刀が、最も美しいのです。

穢れを祓おうとする心は、気掛かり執着の気枯れだったりしますが、しかしまた、何とか祓おうとする祓い心は、内なる神心から起こるものでもあるのです。

日本の伝統的な稽古の道といわれるものは、はじめに、ある型によって制限を課します。しかしながら、その制約ゆえに自己主張は抑えられ、かえって素の自分に戻り、自在への流れを得ることができるのです。

　こうして生きていることもある意味制限であり、だからこそ、その制限を通して、さらなる深奥へと向かうことができるのです。自我を通して真我を知ることができるように、限り身ゆえに、この制限された身体があるゆえに、自由を楽しむことができるのです。


　そう、すべてが同時に存在しているからこそ、この日の本の民は、こうだと決めつけず、むしろ「あいまい」の中で、真善美を見出そうとしてきたのに違いありません。

その「あいまい」とはまた、際に立つことであり、際だからこそ、すべてがそこに在り、一瞬の煌きの中で、永遠を生きることができるのです。

この日の本の民は、際というすべてが在る、「あいまい」の「永遠の中今」の中で、決めつけず対立せず、和していく工夫を重ねてきたのです。

だからこそ、この国は二千年以上、一度も王朝交代の歴史のない、最も古き、奇跡の国として存在しているのです。

そして、全体のために己を捧げるという、ある意味、個を滅することで、永遠の我を生きていたのです。

そう、死んで生きるという、本当の自由自在がそこに……。

言祝ぎ

我が国は言祝ぎ(ことほ)の国です。

神話を読みますと、神様がさまざまな場面で言祝いでいます。「言祝ぐ」とは、「寿ぐ」とも書きます。言葉で祝うこと、という意味です。つまり「ほめる」「ほめちぎる」「賞賛する」「賛嘆する」「称える」ということです。

古来、言葉には霊的な力があると考え、それを言霊と呼びました。言葉で祝うということは、目の前の現象をつかまえて言葉で表現しているのではなく、現在または未来において、引き起こしたい状態を呼び寄せることです。未発の望ましい状態を顕現させる呪術の一種ともいえます。

言祝ぐとはまた、祈り合い、称え合いのこともあります。祈りであり、言葉によって神の徳を称え、神の威を増すことです。神の大いなる威は、御稜威(みいつ)と呼びますが、御稜威を増すのが言祝ぎです。

神様の徳を称え言祝ぐことで、神様の御稜威がいや増しに増していく。その御稜威を浴びて自らの振動数が高まり、高いエネルギーで言祝げば、いよいよますます神様の御稜威が高まる。これは神様との間で好循環が起こっている状態です。これが言祝ぎです。

祝詞は、まさに言祝ぎです。人との関係も同じです。言祝ぐことによって、相手の霊威が増し、徳が増していきます。その人のエネルギーは言祝いだ人にも影響を及ぼし、弥栄の好循環が生まれるのです。

言祝ぐことによって、すべてが解けていきます。あらゆる気掛かりや障害から解放されます。膠着、固着、執着から解放されます。「ス」という根源のはつらつとした振るえが自由になるのです。執着していたり、膠着していると振動できません。ですから言祝ぐのです。それは、完全円満なる姿を顕現させる行為です。

伊邪那岐神が「あなにやし。えおとめを」（ああ、なんと愛すべき女だろう！）と言ったのは、目の前の伊邪那美神を描写したのでもなく、感覚を表現しただけでもなく、未来に向けて言祝いだのです。

地名や名前に良い言葉をつけるのも言祝ぎの一種です。

「葦原の千五百秋の瑞穂の国」も、日本の国を、「葦の生える湿原に永遠に限りなくみずみずしい稲穂のなる国」であれかし、という祈りを込めた言祝ぎなのです。

鬼を鎮めるためにも言祝ぎます。恨み、悲しみ、憎しみを理解して、言祝ぐことで解け、鎮まります。鎮まるとは高い波動になること。「荒ぶる振るえ」から「千早振る振るえ」へと移行させるのです。

また、言祝ぐとは、そのことの本質を理解することでもあります。

言祝ぎは、解くことでもありますが、解けて緩んでいないと千早振ることができないのです。微細な高速振動を起こすためには、緩むことが大事なのです。

私たちは誰もが本来神なので、解けば神の本性が現れます。「素直」が示現するのです。

お辞儀も言祝ぎ

お辞儀をするのは、相手の本質に神様を見て、神様に頭を下げているのです。それによって相手の徳が増えます。相手の徳を認め、言祝いでいるのです。互いに言祝ぐことで、相手の徳を高め、その徳のエネルギーがこちらに届き、自らの徳が増すことになります。こうして弥栄の好循環が生まれます。

神様に対しても、人に対しても、物に対しても、感謝の気持ちを込めて言祝ぐことは、神や人や物との間に弥栄の好循環を引き起こすことです。神ながらの道は万物との間に、弥栄の好循環を起こすことなのです。

私は龍笛(りゅうてき)などを奏でますが、奉納演奏などの前には必ず龍笛を目の前に捧げ持ち、感謝の気持ちで頭を下げます。自然とそうしているものです。

アルメニアを二度訪問し、アララト山を遙拝(ようはい)したり、アルメニア大虐殺の記念碑の前やアルメニアの各地で、数多の御霊の言祝ぎのために、龍笛や舞などを御奉納させていただいたことがあります。その場にアルメニアのテレビ局のクルーが来ていたことがあり、奉納の様子をテレビカメラに収めていました。奉納の儀式後にインタビューを受けたのですが、こんな質問も受けました。

「あなたは、演奏をする前に楽器に対して頭を下げる動作をしましたが、あれは何をしていたのですか？」

アルメニアの人にとっては、不思議な動作だったようです。

「私たち日本人は、物にはすべて神が宿っていると考えます。この龍笛は御神具であり、当然神が宿っています。この笛は、どこへ行くにも常に私とともにありますから日頃の感謝の気持ちから頭を垂れ、そして、しっかりと身を振るわせ音を放ち、我が祈りを音に乗せて届けてほしい、という気持ち。さらには、祈りを込めて奏上するにふさわしい私でありますように、そのような私であらせてくださいという気持ち。それらすべての気持ちを込めて、頭を下げたのです」このように答えました。

貴きものを捧げ持つ。高い位置に掲げるというのは、畏れかしこみ敬う気持ちを表します。手に持つような物であれば、目よりも高く掲げますし、神棚も部屋の中で目の高さより高いところに設置します。上は「かみ」と読みますように、「神」に通じているのです。

アルメニア大虐殺記念碑前にて祈りを捧げる筆者

アルメニア国営放送よりインタビューを受ける筆者

アルメニア共和国ギュムリのアートホテルにて御奉納。龍笛に祈りを込める筆者

　また、私たちがお辞儀をし、頭を下げる。低頭するというのも、総体的に目の前にあるものを頭上の存在に位置づけているわけで、その存在を畏れかしこみ敬う気持ちを表しているのです。

　笛を掲げ、頭を垂れる所作によって、笛の徳を称えているのです。この所作の中に、徳を称える言祝ぎの祈りが込められています。

「祈る」とは「おろがむ」とも言います。「おろがむ」とは「折(お)れ屈(かが)まる」の意味です。己を低き者として折れ屈まるのがおろがみ、祈る。そのときに、上（かみ）なる光が降りてくるのです。相手の徳を称え、上として、つまりは神として言祝ぎ、己を低き者にしたときに、上なる徳が降り注ぐのです。そこで徳の好循環が生まれます。降り注いだ徳は、己の中で打ち振るえ増幅していくのです。その増幅した徳が相手の徳をさらに増します。

　己を低き者にするというのは、卑屈になることではありません。相手の徳を称えることになるのです。神の徳に感応して、自ずと頭が下がり、自らを低き者にして、その徳の光を受け止めるのです。水は高きから低きに流れていくがごとく、天地の徳もまた、謙虚に頭を低くする者に流れていきます。

食前食後に言祝ぐ

普通、日本の食卓では食前には「いただきます」、食後には「ごちそう様でした」と言います。神道家の場合は、食前食後に御神歌を歌います。

たなつもの百(もも)の木草(きぐさ)も天照(あまて)す日(ひ)の大神(おほかみ)の恵(めぐ)み得(え)てこそ

「たなつもの」とは、稲の種子または穀物を指します。御神歌の意味としては、「稲や穀類、あらゆる木や草を食事としていただけるのも、太陽神である天照大御神の恵みがあればこそのことだなあ」ということです。

食後にはまた別の歌を歌います。

朝宵（あさよい）に物喰（ものく）ふごとに豊受（とようけ）の神の恵みを思へ世の人

この歌は、「朝に宵に、食事をするたびに食物の神である豊受大神の恵みを思い起こせ」という意味です。

実は、このような歌の代わりに、皆さんは「いただきます」「ごちそう様でした」と言っているのです。

西洋料理ではナイフやフォークを縦に置きますが、日本料理では箸を横に置きます。これは、尖った先を相手に向けるのは失礼だとする考え方からですが、もう一つ、箸が結界の役目を果たしています。箸の向こう側は神様の領域、こちら側は人間の領域。ですから神様のものをいただくので「いただきます」と感謝の意を唱え、箸を手の取り結界を解いて神聖なものを口に運びます。これには自然を尊ぶ和食の精神が込められているわけです。

和食が世界遺産に登録されましたが、こうした日本の精神性も海外の方々に理解していただきたいものです。

神道では、何をするにつけても言祝ぐことを大事にしています。このような歌を歌わないまでも、日本人なら誰でも、朝の挨拶は「おはようございます」と言います。これも、「朝早くから弥栄のために働いていらっしゃいますね」と、相手に対しての労いの言葉なのです。

これまで何度も述べてきたように、神ながらの道において大切にしているのは、全体の弥栄のために働くということです。朝も早くから全体の弥栄のために働いていることを互いに労う言葉。それが「おはようございます」なのです。

神道はすべてを包み込む

古来、日本には八百万の神々に対する信仰があり、大陸からは儒教や仏教が入ってきていました。その後、仏教は各宗派に分かれ、キリスト教も入ってきたわけです。さまざまな宗教や教えがありながらも、神道は生き続けてきました。

どのように生き続けたのでしょうか。

そもそも八百万の神を祀る神道は、すべてを包括する力があります。そのためか、仏教が伝来すると、やがて神仏習合ということが起こりました。

外来宗教である仏教がやってきたとき、最初は対立するかに見えましたが、最終的には取り入れられました。では、仏教が日本を席捲し、日本の神々が駆逐されたかというと、そういうことはありません。むしろ、時代が下るにつれて日本の神様は仏教の守護神だとされ、日本人は神も仏もともに拝むようになりました。さらには、日本の神様は仏様の化身であるとする本地垂迹説が生まれました。こうなると、神を拝むことは仏を拝むことであり、仏を拝むことは神を拝むことになってしまったのです。僧侶が祝詞を上げ、神官がお経を上げるということもありました。

同時に、元来戒律に厳しいはずの仏教が、日本に定着するうちに戒律が緩められていくという事態が進行していきました。

今では仏教の総本山としても有名な比叡山延暦寺は、最澄が開いたものですが、最澄が朝廷に願い出たのは大乗戒壇の設立でした。それまでは、仏教の中心は奈良でした。奈良において伝統的な戒律を授けることで、初めて正式に僧侶になることができたのです。

しかし最澄は、これに並ぶ大乗戒を授ける権威を与えてほしいと求めたのです。大乗戒は菩薩戒とも呼ばれ、在家者向けの戒律です。出家者向けの具足戒とは比べものにならないくらい緩い戒律です。

鎌倉時代になると、浄土宗、浄土真宗、日蓮宗、禅宗などの鎌倉新仏教が現れ、救済されるための方法の簡略化（称名念仏、題目行、只管打坐など）とともに戒律がさらに緩められていきました。浄土真宗では早くから妻帯が常態化し、明治以降になるとすべての宗派で妻帯が認められるようになります。

儒教も元来、祖先崇拝の宗教でしたが、主に儒学という思想として受け止められ、道教は陰陽道などと結びつき修験道に吸収されていきました。

キリスト教は宗教というよりも、現在にいたってはクリスマスとバレンタインデー、ハロウィンや結婚式の文化として定着しているように見えます。クリスマスは、家族で祝うよりも恋人たちのイベントであり、ハロウィンは人と集う仮装パーティであり、バレンタインデーは告白の日。そして美しい教会での結婚式。文化としてのキリスト教という側面をとっても、まだまだ他にもありそうなものですが、日本では男女和合につながるイベントのみが取り上げられているように見えます。

神道が、教義や戒律などを持たず、夫婦和合を基調とし、家族の調和、子孫繁栄を旨としていることを思い起こすと、一見キリスト教のイベントと見えるものも、日本社会においてはまさに神道の心が顕現しているのではないかとさえ見えてきます。

外国からやってきた宗教は、神道という土台の上に載せられることで、それぞれの宗教の持つ本来的な要素も、神道的な色合いに染まっていったのだと見ることもできます。

夫婦和合は天地和合なり

夫婦は、お互いに違うからこそ一緒になったのです。右回転の陽の高御産巣日神（たかみむすひのかみ）、左回転の陰の神産巣日神（かみむすひのかみ）。陽の伊邪那岐神と陰の伊邪那美神。いずれも異なった対極の振るえを持つ神です。その対極の振るえが一つになって、万物が生成化育されていきました。かくのごとく夫婦は、それぞれ異なるからこそ、かえって美しき一体を成り立たせ、弥栄を生み出します。特色や個性の違いは、かえって互いをいよいよ輝かせていくのです。

違いを違いと認めて美化していくところに、夫婦の妙が生まれます。違うことに不平不満も生まれてきます。しかしながら、高御産巣日神、神産巣日神、伊邪那岐神と伊邪那美神が絶対異質であるからこそ結ばれたのだということを思い出し、違いが不都合と見えてはこれを転化し、衝突しては美化して乗り越えていきます。長い年月をかけて、ぶつかり合いながらも乗り越えていくところに、なんともいえない夫婦の味わいが生まれてきます。そして、やがては異なった中にも、なくてはならない同一が現れてくるのです。

夫婦はときに師となり弟子となります。夫が妻に学ぶこともあれば、妻が夫に教えられることもあります。神ながらの道においては、男と女の間に優劣尊卑の区別はありません。どちらも日子（ひこ）、日女（ひめ）としての、神の御子我（みこわれ）なのです。日子は日子としての、日女は日女としてのそれぞれ異なった方面を分担し、互いに「反りを合わせる」工夫をしていく……。やがては天地一体の妙が、そこに現れてくるのです。夫婦の和合はそのまま、国家安寧、世界平和へとつながっていきます。神ながらの道の実践は、まずは家族、家庭からなのだともいえます。

祈りとはつないでいくこと

神ながらの道を歩むことは、己の生を全うし、その生命の想いを未来へとつないでいくことです。それは同時に、より良き未来であれかしという祈りでもあります。

祈りとは、何かに依存することではなく、つないでいくこと。想いをつなぎ、今、今、今という瞬間をつなぎ、物をつなぎ、人から人へとつないでいくこと。そして、それが生きるということなのです。

伊勢神宮の式年遷宮では、二十年に一度、お宮から調度品にいたるまで、そっくりそのまま建て替え、作り替えられます。技術を、想いを、伝統をつないでいくのです。お社の木材として伊勢のお山から檜を切り出しますが、同時に六百年先のことを考えて今も檜を植えています。先々においても、また式年遷宮の木材が切り出せるようにと植林し、これもまた伝統を、生命を、未来へつないでいるのです。

駅伝ランナーが襷(たすき)を渡していく姿は、まさに祈りの姿。この駅伝は日本で生まれた競技ですが、皆の祈りや想いが込められている襷を、その伝統の重みを背負いながら、それぞれが自分の役割を、全体のために全うしていくのです。

それはまた、新たな伝統となり、そして次へとつながれていきます。想いをつないでいくのが、祈りの本質だと知った日本人だからこそ、生み出した競技であることがわかります。

このつないでいくという祈りの心が、そのまま神の心であって、それは天地開闢とともにあり、その元つ初めの振るえとともに、未来永劫、無限に完成へと向かう弥栄の心なのです。私たちが、今ここにこうして存在しているということも、未来へと生命を、祈りを、つないでいっているということなのです。

祈り合い、称え合い、清め合い

神様への捧げ物をいただいて、みんなで仲良く分け合う場のことを「直会（なおらい）」と言います。

この直会は、神の前で神とともにあることを喜び、弥栄を称えるもので、その考え方は現代の宴会にも受け継がれています。

日本では宴会のとき、互いにお酒を注ぎ合います。注ぎつ、注がれつします。欧米など外国では、人に注いだら怒られるところもあるようです。お酒を注ぐのは決められた担当が別にいて、自分の分は自分の分だとする意識を持っているようです。日本の場合は、相手を我がことのように思い、注ぐわけです。相手に注ぐことによって、徳が生まれるのです。ですからお銚子のことを「徳利」とも呼ぶといわれています。

日本の宴会や飲み会で手酌は嫌がられ、互いに注ぎつ注がれつするのは、「お互い様」「お先にどうぞ」という気持ちで、互いの幸を祈り合い、互いの徳を称え合い、互いに清め合う気持ちから出る行為です。一即多であり、共存共栄、個人と全体が一体のものとして感得されているがゆえの行為なのです。

神ながらの道では、神が人間の幸せを祈り、人間も神の幸せを祈ります。人と人との関係も本来は同じです。人と人との出会いは、直霊(なおひ)との出会いでもあるのです。直霊という内なる神を見るからこそ、互いに頭を下げ合うのです。

「あなたの直霊が顕現しますように」という祈り合いの姿です。そして、それは元つ初めの振るえが、こうして肉体を持って顕現している奇跡への、言祝ぎでもあるのです。

手振りという祈りの姿

私たちは人を出迎えるときや別れるときに、手を振ってお見送りをしたり、挨拶をしたりします。この手を振る動作を神ながらの道では、「手振り(てぶ)」と呼びます。

手振りは、一つの魂振りです。本来は、空気を振るわせることによって振動数を上げ、神の顕現を願い、そして神の御加護がありますようにという祈り心の表れなのです。

このことは、天皇陛下と私たちの通い合いの中にも見られます。

天皇陛下は宮中参賀の際や、お車の中から沿道の国民に向かってお手振りをなされます。これは天皇陛下の澄みきりの、慈愛の光により、すべてを祓い清めてくださる大御心の表れではないでしょうか。そして参賀に集まった私たちもまた、自然と手を振って天皇と皇室の弥栄を称えるのです。まさに、祈り合い称え合いの、この日の本の美しき姿です。

相撲

取っ組み合い、投げ合う形の格闘技は世界各地にあります。日本の国技である相撲もそのうちの一つです。

『古事記』においては、建御雷之男神（たけみかづちのおのかみ）と建御名方神（たけみなかたのかみ）とが力比べをし、建御名方神が降参し信濃国に留まり、出雲の大国主神が国を譲るというエピソードが出てきます。島根県に伝わる出雲神楽で今も演じられています。これが相撲の起源とされています。

『日本書紀』においては、野見宿禰（のみのすくね）と當麻蹶速（たいまのけはや）が天皇の御前で戦って、野見宿禰が勝ったというエピソードが伝えられています。こちらは柔道の起源ともされていて、同時に、野見宿禰と當麻蹶速は相撲の始祖としても祭られています。

このような起源をもつ相撲は、時代が下るにつれて、神を敬い、天下泰平・五穀豊穣・子孫繁栄などを祈願するために御神前に奉納されたり、祭礼において吉凶を占う御神事として発展していきました。奈良時代から平安時代の頃に、天皇の御前で相撲の節会が行われるようになりました。全国各地の優秀な力士が都に集められ、五穀豊穣や大漁を祈願する御神事として、相撲が行われるようになっていったのです。

その御神事としての相撲の姿を今に伝えていて有名なのが、島根県は隠岐の島の「隠岐古典相撲」です。隠岐の島内で、神社の遷宮や学校の校舎新築などの慶事があったときに、土俵が築かれます。土俵脇には四本の柱が立てられ、各地域代表の力士が土俵に上がり、夜を徹して三百番もの取り組みが行われる盛大な御神事です。

慶事のあるときだけ土俵が築かれ、柱が立てられるというのは、まさに古代の神社、神籬磐境（ひもろぎいわさか）を思い起こさせます。土俵と柱で結界とされた聖なる空間に、力士が現れる。それはまさに神の顕現です。

慶事のある地域が「座元（ざもと）」となり、それ以外の地域を「寄方（よりかた）」と定め、座元と寄方双方が力士を選出します。特に大関・関脇・小結の役は役力士と呼ばれ、島の人々にとってとても名誉なことと尊ばれています。横綱はありません。

隠岐の古典相撲は必ず二番勝負です。力士は、地域の代表として土俵に上がるので、力士の勝負は地域同士の勝負でもあります。そのため、相撲の勝負が後にしこりを残さないように、勝負は必ず二番取り、力士が必ず一勝一敗に引き分けで終わるならわしなのです。これを称して「人情相撲」とも呼ばれています。

この古典相撲には勝ち負けがあって、勝ち負けがありません。一勝一敗の引き分けに終わるといっても、真剣に勝負をするので八百長ではありません。地域の代表として、その地域の誇りをかけて、真剣に相撲を取るのです。勝つためにあらん限りの努力をし、勝負に挑みます。渾身の力でぶつかり合い、一番一番の取り組みにおいて、勝ち負けは決せられますが、そこには勝者も敗者もいないのです。両者ともに全力で取り組んだことを称え、地域と島の弥栄を称え、すべてが勝者となります。

相手を打ち負かすというつぶし合いではありません。勝った者は誇りを守り、負けた者も恨みを残さないのです。勝敗はつけるが、どちらも勝っている。どちらも負けていない。争って争わず。勝ち負けがあって勝ち負けがない。まさに、祈り合い、称え合いの姿です。

さらに役力士は、相撲が終わると土俵に座り、契りの杯を交わすそうです。島の結束をはかることにもなっているのです。

特に、水若酢神社の二十年に一度の遷宮の際に行われる「遷宮相撲」は、圧巻です。その様子は、映画『渾身 KON-SHIN』（錦織良成監督作品。原作は川上健一氏の小説『渾身』）に、生き生きと描かれています。島の男たちにとっては、己と地域の名誉と誇りをかけた、一生に一度の「渾身」の勝負です。勝った者は負けた者をおもんぱかり、一勝一敗の全員が勝者。誇りとやさしさ。荒ぶる事と和すること。精進と潔さ……。対立が対立ではなく、同時に存在しているのです。まさにこれは日の本の心です。かくのごとく相撲というものは、神ながら意識がそのまま現れたものなのです。

私たちになじみの今の大相撲も、かつては相撲取りの中で最も強い者が大関と呼ばれ、その中から人格・品格の秀でた者が、横綱に選ばれていました。土俵に上がり注連縄（しめなわ）をつけた横綱の姿は、まさに神の顕現であり、相撲そのものが、まさに御神事なのです。

相撲を取るときは、必ず水で清め、塩を三方にまきます。これは伊邪那岐神が、筑紫の日向の橘の小戸の阿波岐原で、上津瀬、下津瀬、中津瀬にて禊ぎしたことの象徴的な再現であるともいえます。

土俵に上がる前に、まず水にて口をすすぎ、手を清め、拍手を打ちて音霊により場を清め、私心なしを示すがごとく手を広げ、神に我を捧げるがごとくに儀式を済ませ、そして相撲を取るのです。

古来、そうして神人合一し、大宇宙の大円の中に魂を磨き合ってきました。

包みと慎み

西洋は袋の文化、日本は包みの文化といえます。包みは神ながらの慎みを表しています。「包」という文字は、象形文字で胎児が母親の胎内で大切に育まれている形から考えられたといわれ、包むことで「忌」から大切なものを守ることを意味しています。玉垣、衣類、頭巾、襷などは、物忌み（神事などのため、ある期間、飲食・言行などを慎み、沐浴をするなどして心身のケガレを除くこと）からきたとされています。

大きさの限定される西洋のバッグとは違って日本の風呂敷は、球状のものでも瓶でも形に関係なく何でも包んで運べるうえ、用事が済んだらたたんで仕舞えます。

また、人様に物を贈るときには、再び解いて広げることを前提にして、折り目正しく包みます。商店で、包装紙できれいに包むのも日本的です。西洋のラッピングとはずいぶん違うため、日本を訪れた外国人は、この日本式の包装にも感動すると言います。

尊きものはあからさまに表に出さず、守るという意識があるのです。慎み深い人というのは、己も大事なものであるからこそ、あからさまに表には出さず、同時に大切に守ります。それが包みとなり、結界となります。

包むのは物ばかりではありません。洋服と違って日本の着物は、身体を包むものです。一反の布を裁断し、仕立てられた着物は前で合わせて体を包み、帯を締めて装います。

平面的な着物を自分の体型に合わせて包むことで立体的にしますので、太ったり痩せたりしても調整して長く着ることができます。これに対してかぶったり、はいたりする袋である洋服は、体型が変わると着ることができません。

着物の最大の利点は、何と言っても糸を解けば、また一反の布に戻ること。洗い張りをして仕立て直せば蘇りますし、若い頃に着ていたものを染め直せば年齢がいっても装え、最後は黒に染めたり、解いて座布団に作り替えるなどして、いつまでも活用することができます。

また、親から子、孫へと受け継いでいける、これもまた「つなぐ」ということになります。

一反の布と裁断された布は、まさに一即多の関係にあります。

また、着物を縫う糸の結び目には、霊力がこもるとされ、着物を着ること自体で霊的に守護されると信じられてきました。そのため、かつては寝るときも着物をはおって寝たものです。千本針は、結び目にこもる霊力に頼むものだということもわかります。

贈り物

贈り物をするときも同じです。あなたは神様であり尊きお方ですから、大事に包んで水引(みずひき)をかけて贈ります。水引とは水で清めた印です。あなた様のために清めたものを贈るという意味です。受け取った方がまた清まるように、という意味を込めて水引を掛けるのです。このようなことをする国は日本以外にはありません。

また水引は、結びますので、「産霊(むすび)」をも意味します。和合の祈りを形に表したものです。

一方、贈られた物、いただき物は、まず神棚にお供えします。

次に、人間がお裾分けでいただきます。贈り物をした側は、私のお贈りした物を、まず神様に捧げていただけることを感謝します。これはまさに、直会です。

贈り物を渡すときに「つまらないものですが」と言いますが、この言葉の意味をよくわかっていらっしゃらない方も多いようです。

「自分が持参したものが〝つまらない〟なら、それを渡すのは相手に対して失礼ではないのか。

相手に失礼がないように立派な物を贈るのであれば、堂々としていればいいはずだ」と、疑問を呈する方もいます。

本来の意味は、贈る相手に対して「あなた様のように高貴なお方にとっては、大変つまらないものかもしれませんが、お受け取りいただければ幸いです」という意味なのです。贈り物で謙譲の意を示し、相手に対する敬意を伝えているのです。

贈り物をするというのは、エネルギーの好循環を起こすことであり、やはりこれも有り難いことなのです。ともすれば停滞してしまうかもしれないこの世界で、神様のエネルギーに波長を同調させ、好循環を起こせることは有り難いことです。

日本の住居

日本の木造家屋にも、神道の持つ曖昧性が現れています。風通しを良くして、清らかな生活を心がけてきました。

たためば部屋を広く使え、広げて立てれば空間を仕切ることのできる屏風（びょうぶ）や衝立（ついたて）。襖や障子も同じように大部屋にも小部屋にも空間を利用できます。

日本の家屋は、もともと風呂敷のように、なんでも容れられる構造になっていました。代表的なのは貴族の寝殿造りという様式。寝殿と呼ばれる空間は、寝起きをするところでありながら、時と場合によっては集会をし、儀式をしたりすることもでき、普段は家族で食事をしたりもしました。目的に応じて、衝立や御簾、屏風などを使って空間を分けたようです。

現在では当たり前にある障子というのも、衝立などと同じようにして、空間を仕切ったり広げたりするものとして構想されたようです。

その融通無碍な空間が作れたのは、床上げ方式を取り入れたからだそうです。これは平安時代の頃からすでに床に板を張って、上下足を区別していたことが大きな要因のようです。

つまり、床には土足で踏み入れないので、常に床はきれいにしておけます。きれいであれば、そこに畳を敷いて座を作り、お膳を出して食事することもできれば、畳に布団を敷いて寝ることもできたのです。

外国のように土足で入るとなると、ベッドを用意しなければならず、寝室と居住空間を固定的に分けるという発想にもなります。しかし、日本は土足で床に上がらなかったのでベッドは特段必要がなく、その結果、空間は目的に合わせていかようにも変化させることのできる形となりました。

ところが第二次大戦後、進駐軍やアメリカの指導のもと、住環境は大きく変化しました。部屋は固定的に区切られ、寝室と居室は分けるという発想が植え付けられました。

日本古来の住居には、日本らしい曖昧さが生きていました。先に述べたように曖昧であるからこそ、自在に変化させることができました。空間を広く全体的に使うこともできれば、衝立、屏風などで仕切ることによって、いくつもの細分化された空間として使うこともできたのです。

暖簾（のれん）は、結界の印でもあります。暖簾があることで、くぐるたびに祓いをしていることになります。

紺暖簾の場合は、古来、神道ではアオには祓いの力があるとされてきました。ミドリも、紺もアオと呼び習わし、どちらにも強い霊力があると信じられてきました。祓いにはアオものを使うのです。アオ植物も霊力があるので祓いに使います。玄関に生け花を飾るのは、植物のイキイキとした力を使わせていただき、玄関で邪気を祓っているのです。アオモノ全般、植物全般には祓う力があると信じられてきました。

京町家の伝統的な家屋は位置においては、玄関の内側に内庭があります。外と内とをつなぎ、その境界を曖昧にしておく工夫がなされています。

日本は曖昧だと世界から非難されますが、むしろ曖昧であり、決めつけないからこそ対立を生まず、共存共栄を続けてきた国なのです。

年末年始は節目の大いなる神事

新年を迎えるための準備が年末。生活上のさまざまなことの区切りをつけ、気掛かり、行き掛かりを解決する。乱れ・穢れを整理して祓う、まさに総決算の時期。この年末があるからこそ、立ち返り、出直しをはかることができるのです。とりわけ大晦日は、外ばかりに向かっていた心を内側に向かわせ、己をしっかりと取り戻します。これまでを振り返り、自己反省し、新た世に向けて決算整理するのです。

この出直しが、新年の希望につながり、人はこうして毎年、節目を越えて深みを増していくのです。

そして、新たな世を迎えるために粛々と準備をしていきます。年神をお迎えするための神籬として門松を立てます。門松は年神様がいらっしゃるための目印となるのです。松は常緑樹でめでたく、弥栄の象であって、「年神様を待っております」という意味の「まつ」であり、お祭りの「まつ」でもあります。

そして注連縄を張り、己の住まう空間を御神域にし、神社にするのです。注連縄は、「しりくめなわ」という言葉が縮まったものです。印（しり）神（くめ）縄（なわ）となります。神のいらっしゃる印の縄。ここには神様がいらっしゃいますよ、という印という意味です。

正月は、休む、いよいよ澄む、弥澄（いやす）みのことです。正月には家を、体を、心を、清め澄ませるのです。神詣でも、書き初めも、カルタも、すべてが生命を清め澄ませるためのものなのです。

鏡餅は天照大御神の完全円満なる鏡を表しています。二段重ねは夫婦和合を表し、上に乗せる橙は、代々家族が繁栄しますようにという願いと弥栄を表しています。夫婦和合は陰陽和合という意味でもあり、多様性が相補いこの世界をより豊かに形作っていくのだという意味も込められています。

シダ植物のウラジロは「腹黒いものはありませんよ」という意味を示しています。

餅は、沢山のお米が集まっている、めでたい物であると同時に和合を表しています。

雑煮は、多種類の具が一つの味を醸し出しています。一即多の調和を表しています。すべてが大和の心を表しているのです。

かつての日本人にとって、休みは正月だけでした。あとは農作物のサイクルで節目節目にお祭りをし、ハレの時間と空間を楽しみながら、また日常（ケ）に戻り弥栄のために働いていました。その中で大いなる節目が新年、正月だったのです。現代人よりも意味が深かったことでしょう。

この大いなる節目のめでたき神事行事を、私たちもまた失わせることなく、未来へとつないでいきたいものです。

神道の根幹は祖先崇拝

私たちの祖先は神です。祖先崇拝は、天照大御神が邇邇芸命に鏡を渡し、鏡を我が身と思い、いつもそばに置いて、いつも私の前にいるがごとく振る舞いなさいと命じました。天皇家は、この約束を宮中祭祀とともに日々果たしていらっしゃいます。宮中祭祀は、まさしく祖先崇拝の祈りそのものです。

私たちは神から生まれましたので、子が親に孝行するがごとく、祖先の神々にもお祭りという形で孝行をするのです。

神棚を祭り、神社参拝することは、祖先を大切にしていることなのです。ですから神道は孝道だと言います。

最近は、神棚のないお宅も増えています。かつてはどこの家にも神棚がありましたし、どんな会社でも神棚が設けられていたものです。土地の中心が神社であるように、家の中心が神棚なのです。物事には必ず中心があって、家に神棚がないということは、その家の中心がないことと同じなのです。それはまた、私たちの祖先である神々とも切り離されていることでもあります。

神棚があることによって、その家や会社に中心ができ、整い、神々のエネルギー、御神気を家や会社に満たすことができるのです。その弥栄のエネルギーの中で日々感謝をし、孝道を歩んでいけます。このような祈り合い、称え合いの美しい在り様を取り戻していきたいものです。

また、ごく身近な御先祖様に思いを馳せるために、お墓参りをしますが、実はお墓というものは、神去られた御霊が降りてきてくださる神籬の役割をしています。

神籬というのは、神様に降りてきていただくための目印でもありますが、私たちは墓石という神籬に対して感謝を伝えたり、花を手向けたり、日常の報告などをしているのです。まさしくこのことは、神ながらの孝道の現れなのです。

鏡の心で生きる

神ながらの道は、鏡の心を大切にします。

鏡は妥協せず、すべてを否定せず、あらゆるものを映し出します。鏡は、己に映し出すものを選択したりしません。すべてを肯定します。それはすなわち天照大御神の心です。

「妥協しない」というのは、前向きであることです。宇宙は後戻りしません。火山が噴火して流れ出る溶岩流を思い浮かべてみてください。途中で急にマグマが火口に戻ったりはしません。

生命は常に、前へ前へと出し続けているのです。

「全肯定する」というのは、今あるもの、今現れているものを御神意として受け止めることです。私たちがなすべきは、対立などせずに、その御神意をどう美化、転化していくのか創意工夫することです。それが天照大御神の心。前へ、前へ。後戻りしない。これは神ながらの道の極意です。

どう美化・転化できるか工夫をすることです。

対立報復していくと、対立の世界に陥ってしまい、生成化育から遠ざかってしまうのです。大和の心は、「俺が」「これが」の狭い了見に拘泥せず、異国の教えも見直し、聞き直し、宣り直しをしてきました。まさしく大和してきたのです。

こうして我が国の神道も、いよいよ神道たるべく発揚発展進化してきたのです。和していくということは、その本質をいよいよ際立たせていきます。

この日の本の民は、そのような積極思考を持って創意工夫を重ねてきました。平らな土地がなければ急斜面を活かして棚田を作ります。棚田の風景はとても美しく調和しています。生命の多様性に満ちたその光景を、私たちは今も愛してやみません。

私たちは自然を利用してきましたが、それは自然と融通することであり、その徳を賜るということでした。

ビール業界はどんどん酒税をかけられても、新しいお酒を開発してヒットを飛ばしています。何か障害と思えるものが立ちはだかったとき、争わずに工夫していくのが神道の極意であり、天照大御神の御心です。工夫することで、弥栄の新たな知恵が出てくるものなのです。知恵は無限大です。

たとえばアメリカならば、他国に参入障壁があれば、それを取り払うために法律改正を要求するでしょう。「俺たちの言う通りにしろ」と交渉してくるわけです。日本ならば他国に参入障壁があったとしても、企業はそれに適合した製品を作ります。力づくで対抗するのではありません。どう乗り越え、工夫できるかを積極的に取り組むのです。

力づくの解決は、現実を固定的に捉えています。現実は動かないと思っているので、破壊するほかなくなるのです。ぶつかったら、ぶつからないところに動かしていきましょうという柔軟な心構えです。まさに合気の心。

畏れ多くも天皇・スメラミコトが、まさにそうではないでしょうか。時の権力者に利用されたこともあったでしょう。しかしながら、それすらも受け入れ、制限された中でも、天皇・スメラミコトとしての役割を全うされてきました。対立することなく全肯定してきたからこそ、皇統が現在にいたるまで断絶することなく連綿と続いてきているのではないでしょうか。

神ながらの意識を体現されているのが天皇・スメラミコトの御姿なのです。

エピローグ

神話が生きている国

日本は、神話が現役で活躍している国です。神話が生きている国は、世界で日本しかありません。私たちは神の民として、神話の生きている美しき日の本に生まれたのです。

天照大御神(あまてらすおほみかみ)が邇邇芸命(ににぎのみこと)に三種の神器を渡して、この国を作り固めしていきなさい、とおっしゃいました。三種の神器とは、「八咫鏡(やたのかがみ)」「八尺瓊勾玉(やさかにのまがたま)」「草薙剣(くさなぎのつるぎ)」です。

鏡は天照大御神が「この鏡を私だと思って祀りなさい」と言って、邇邇芸命に渡したものです。この神鏡は現在、伊勢神宮に祀られています。その御分身が皇居内の賢所(かしこどころ)という社に奉安され、宮中でお祀りされています。勾玉は天皇陛下のおそばにあり、剣は熱田神宮に祀られていますが、その御分身はやはり天皇陛下のおそばに奉安されています。

天照大御神が邇邇芸命に鏡を授けたことは神話に書いてありますが、誰も見たことはありません。誰も証明できないことです。天照大御神も邇邇芸命も誰一人見たことがないのです。

しかし、神話の約束通り邇邇芸命の子孫である天皇陛下は、今でも日々お祀りされておられます。宮中祭祀は神話との連続で行われ、この国ではそれを事実として受け止め、また各神社でも、神話や宮中祭祀と密接なつながりを持ちながら、日々祭祀が行われているのです。私たちも日常生活の中で、神社にお参りし、節目節目で祈願しています。神話を生きていると言わずにはいられません。

鹿児島薩摩川内（さつませんだい）市の神亀山（じんきさん）山頂に、邇邇芸命のお墓があります。可愛山稜（えのやまのみささぎ）と言います。明治七年に邇邇芸命の御稜として指定されて以来、宮内庁が管理している神話上の神様です。人ではなく神様なのですが、お墓があるのです。科学的に考えればおかしいのですが、それを大まじめに、あたかも事実を扱うがごとく受け止めて宮内庁が管理しているのです。

私たちの日常には、日本の神話が網の目のように張り巡らされています。国をあげて神話に基づいた生活をしているという、世界に類を見ない国が日本なのです

どこの国でも、すでに神話は過去のものとなっています。国の構成単位が変わり、民が変わり、神話は単なる物語となり、死んでいきます。ギリシャにはギリシャ神話はあれど、現在、その神話に基づいて生きているかといえば、そうとは言えません。他の国々も同じように、その国の神話と、その国の人々の生活とが断絶してしまっているのです。

神話にはその民族の魂が込められています。一つの民族が他の民族を侵略のうえ征服し、支配しようとするときに、まず何をするかといえば、その民族の神話を解体しようとします。神話は民族の魂ですから、その魂を徹底して破壊するのです。拠り所を失わせます。そうすると、民族は団結することができません。方向性を見出すことができなくなりますので、支配するためには丁度良いのです。

権力者が学者を殺したり書物を禁じたりするのも同じことです。焚書坑儒（ふんしょこうじゅ）という言葉がありますが、隣の大陸ではよくそういうことが行われました。支配を強めたいときには、魂を奪うために、神話や思想、明らかな智を弾圧するのです。

ぶつからず和合する

合気道の師である佐々木将人先生は、「ぶつかってぶつからないところを探せ」と教えられていました。合気道の技を修練するにあたり、相手と全く接することがなければ技をかけることはできません。同時に、ぶつかりつつもぶつからないところを探せないと、これまた技をかけることはできないのです。「ぶつかってぶつからないところ」を探していくのが、稽古だと教わりました。これも、対立であって対立ではありません。対立と和合の相対ムスビの際に立つという、神道的な考えの生きている例です。

たとえば、暴漢に襲われたとしましょう。殴りかかってきたら、逃げる、避ける、よけるというのが普通の反応です。よけきれずに、あるいは反応できずに殴られる。腕に覚えがある人は立ち向かい、実力が拮抗していれば殴り合いになり、こちらが強ければ殴り返して相手を傷つける。

多くの武術、格闘技が、相手を死にいたらしめるまでの技を持ち、それを稽古するわけですが、達人は相手を制圧しながらも傷つけないということもできます。徳を備えた達人を目指す人は、皆その境地にいたるための努力を日々しています。

達人は、相手の攻撃を怖れず、自ら進み出て相手の懐に入ってしまいます。相手の力とぶつかることなく相手と和合し、相手の攻撃を無効化してしまう。その奥義が入り身(いりみ)です。

世界には沢山の武術や格闘技があります。それぞれの流派には、初級の技もあれば、奥義と呼ばれるような高度な技もあるでしょう。我が国の合気道では、入門者に最初から入り身を教え、稽古させます。達人の技、まさに奥伝とも言うべき技を初級者に教えます。これは、徳高き達人の道を、最初から歩めば良いという考えの表れだといえないでしょうか。

合気道修行中の筆者

多人数掛け

合気道が達人さながらの技をはじめから稽古していくのは、神道において日々の暮らしの中で神ながらの道を歩むのと同じこと。合気道は、日本古来の武術である大東流合気柔術を母体とし、植芝盛平翁が神ならいの道として大成創始した武道だからです。

とはいえ、最初から達人になれるというわけではありません。日々精進を重ねる中で、達人の境地に近づいてゆくのです。ですから道なのです。自分は達人だ、自分は強いのだというのは、これまた驕りであり、気掛かりです。そのような気掛かりを、稽古を通じて常に祓う。稽古そのものが禊ぎであり祓いなのです。

「合気道とは言霊（ことだま）の妙用であり、宇宙みそぎの大道であります」と、植芝先生もおっしゃっています。（『武産合気』白光真宏会出版局）

達人の道を歩み、なお初心を忘れず、謙虚に稽古に励む。これもまた達人の在り様ではないでしょうか。

私自身、合気道をはじめとする日本の武道を研鑽して三十年以上になります。一例として合気道を挙げただけです。合気道のみならず、日本の武や芸の道は、少なからず神道に基づいていますので、そこに神ながらの意識や考え方、振る舞い方が見て取れることと思います。

まさに神のごとく生きていこうとする道です。

日本に恋せよ

かつて私たちは、山を見ても、草花を見ても、それを神と観る美しき感性を携えていました。我は神の分霊（わけみたま）であり、人が神になるのではなく、神が人になっているという、神人同根、万有即我の、うれし楽しのを、生きていたからです。

その人々が息づくこの国を、大八洲（おおやしま）と呼んでいました。それは、大いなる弥島（いやしま）であり、弥栄えなる国ということ。また安国（やすくに）とも言い、それは弥進（いやすす）む国、いよいよ進んでいく国。または手長（てなが）の国とも言い、それは手伸（たの）しであり楽しであり、伸び伸びと雄大なる心持ちの国。天晴れなる心意気の国。

それは、他国を侵略したり、武力制圧して成立した国にあらず、神代（かみよ）ながらに、自然に成立した国のこと。

抗わず、征服しようとせず、そこに己を合わせ、工夫し、対話し、和していく……。かつてこの日の本は、そんな大和（おおにぎ）の美しき国だったのです。

この国の名が示すように、その証である日の丸が現しているように。

天皇陛下が知ろしめしておられるように……。

そして人々は、「たのし」「手伸し（たのし）」と、天空まで限りなく伸びゆくがごとく万歳し、そして、その心、その身体までも伸び伸びと、わははと笑って天津手振（あまつてぶり）して、清々しくすべてを賛美してきたのです。

神ながらの道とは、かのごとく、まさに楽しの心……。

天は地に天降ろうとして手を伸ばし、地は天に参い昇ろうとして手を伸ばすがごとく……。

この天地合一の心持ちにて、私たちは西方に極楽浄土を求めるでもなく、救われて楽土に往くことを望むでもなく、悟りや解脱を目指そうとするでもなく、創意工夫・切磋琢磨を以って己の生業に精を出し、艱難辛苦も肥やしとして笑って祓って乗り越え、現実只今このときを、無上の楽土、住吉の里、浦安の国とすべく、弥栄のために働いてきたのです。

今、今、今と、祈りをつないできたのです。

かつては、皆が、誰かのために、何かのために、働いてきました。

そう、傍（はた）を楽（らく）にするために……。

そう、普遍意識とともにあったのだとも言えます。

いつの間にか私たちは、個人主義に陥り、「俺が、私が」の我（が）に走り、かつての祈り合い、称え合いの、天地の道を外れて生きるようになってしまいました。今の惑迷混沌は、そのためだともいえます。

悟ってやろう、覚醒してやろう、神秘能力を獲得してやろう、思い通りに引き寄せてやろうというのも、分離意識のなせる業であるかもしれません。

俺が、私がの、個人が単独で栄えゆくことはあり得ません。

栄えゆくは、宇宙、自然、社会より、無限なる恩恵を得てるがゆえのことなのですから。

共存するがゆえ栄えるのであり、よって、全体のために、奉仕するということ。他のために働くということは、ごく当たり前のこと、自然ながらのことなのです。

あらゆる生命は、与え合い捧げ合っています。人の使命も、万物万象に対して、どこまでも我を捧げ尽くし、その生成化育に寄与していくことだと思います。人が生存する意味は、きっとそこにあるはずです。

この日の本の人々は、まるで「悟後（ごご）の生き方」であるがごとく、他を慮り、場や物に敬意を払い、大事にし、より良き未来のために、我を捧げようとしてきたかのようです。

かつて隆盛を誇った世界各地の古代文明も、時代の流れとともに途絶えたり、侵略されるなどして滅んでしまいました。遺跡や遺物、文献の中にその面影を伺うことはできますが、その伝統をそのまま生きている国はもはやありません。

古来の伝統が、元つ初めの振るえが、根源の息吹きが息づいている国は、世界広しといえども、我が国だけかもしれません。

そしてそれは、二千年以上続く、現存する世界最古の奇跡の国、神ながらの国、神話が今もって生きている、神の国でもあるのです。

もちろん、この日の本のみが神の国ではありません。この日の本の民のみが、神の民ではありません。すべての国が神の国であり、世界中の人々が、神の人なのです。ただ、この日の本には今もって神の社が数多鎮まり、祭祀王たる万世一系の天皇が、日々世界平和の祈りを捧げておられ、私たちは、互いに頭を下げ合っているのです。

互いに頭を下げ合い、「お先にどうぞ」と譲り合い、「お互い様ですね」と労い合い称え合っているのです。

相手を神として敬意を覚える心待ちが、この日の本の人々の深奥にまだあるからです。

「おがむ」とは、折れ屈むの事であり、その心を折れ曲がりて現す姿がまだ残っています。

人様に品物を贈るとき、弥栄えに栄え、拡がっていく祈りを込めて熨斗を添え、お互いがますます清くなっていくよう、水の浄めの象りである水引きを結ぶ……。産霊て和す、美しき和合の祈りの姿がまだ残っています。

あちこちの神の社にて、パンパンと清々しき音霊がなり響く……。天地初発を言祝ぐ、その姿がまだ残っています。

天皇陛下と私たちとの、美しき通い合いの姿もまだ残っています。

恨みを晴らそうとするより、その恨みを超えて、許そうとする姿がまだ残っています。

私たちは生身の人間ゆえ、恨みや悲しみ憎しみを、簡単になくしたりすることはできません。

しかしながら、この日の本の民は、その払拭できない感情や想いに、いつまでも囚われることなく、それを横に置いて、それを超えて、許すという向こう側の世界に、必死に、辿り着こうとしてきたのです。

そう、大和の心にて……神ながら　霊（たま）幸（ち）はえませ　と……。

そう、この国の伝統に、文化に、生活に、この国の人々の魂に、天晴れなる「神ながら意識」が、確かに呼吸しているのです。

元つ初めの、美しき振るえへ岩戸を開いていく道標（しるべ）は、かつて大和（おおにぎ）の国と呼ばれた精神の中に、宝珠のように息づいているのです。

私の中に、あなたの中に……。

「迷ったら、原点へ還れ」です。

過ちを犯せば、反省して禊祓（みそぎはら）いし、何度でも出直せば良いのです。

日々の成果は親神様に感謝して報告し、神饌（しんせん）を捧げ、直会で神人共食を楽しみ、魂を振るわせ、歌い、舞い、天を仰ぎ地に伏し、弥栄ましませ、天晴れあな楽しと、パンパンと拍手を打ちならせば良いのです。

そうして、永久（とわ）の天地開闢を、その今を、言祝ぐのです。

日子（ひこ）として、日女（ひめ）として。迷いながらも、日々禊祓いして、明日は「明るい日」であるとし、永遠の中今に、我を捧げていくのです。

小賢しい理屈はどうでもいいのです。

何かあるのは当たり前。それでも笑って明るい心ならば、祓って清き身ならば、それはそのまま神意なのです。

すべてを水で洗い流し、浄めの心で神遊びとして我を生き、我よし、人よし、今よし、後よし、数多（あまた）よしと、創意工夫し、うれし楽しの神ながらで、笑って祓い、祓って、わははと笑うのです。

天晴れ！　と千早振（ちはやぶ）るのです。

天の岩戸の前で、神々がそうしたように……。

そこに、さらなる光明が顕れたように……。

天晴れ
あな面白
あな手伸し
あな清明け
おけ・・・
弥栄！
日本に　恋せよ！

何故　そこに
花が微笑んでいるのですか
何故　そこに
風が舞っているのですか
何故　そこに
光が遊んでいるのですか
それは　あなたが
花であり　風であり　光であり
微笑みであり　舞であり
自由だからです

そう・・・すべてが
むすび・・・だから
すべてが　言祝ぎ　だから・・・

むすびに

私は、いわゆる神社神道の神職でもなく神道系教団の信徒でもなく、神道の家柄に育ったわけでもありません。

また、自らが何らかの組織、教団などを立ち上げて運営しているわけでもありません。一人の古神道研究家として、神ながらの行者、実践家として、この本を書かせていただきました。だからこそ、一流一派、一つの組織の考え方に捉われることなく、この日の本の大道、神ながらの道を、自由に述べさせていただくことができたのだと思います。

本書の内容は、日頃私が、講演やワークショップなどでお伝えさせていただいているものが中心となってはおりますが、もちろん私自身のオリジナルということではありません。多くの先師、先人、諸先輩方からの教えを、その神意識からの叡智の息吹を、私なりに咀嚼し、私自身の体験と合わせて述べさせていただいたものです。

その他、沢山の方々ならびに著作からも、ご教示を賜りました。そのお導きに、ご神縁に、改めてここに深甚なる感謝を申し上げる次第です。

特に、平素より非常なるご指導とご示唆を仰いでおります、大宮司朗先生（神伝大東流合気柔術玄修会会長・玄学修道会会長）、またすでに神去られました佐々木将人先生（元神明塾塾頭・合気道師範・山蔭神道神官）には多大なる叡智を賜り、感謝の念に堪えません。

そして「道」というものに対する取り組みの姿勢について多大な影響を受けました、凮心会代表の永野順一氏、柔剣雷心会代表の永野勝氏、皇居勤労奉仕団の団長を二度も務めさせていただくきっかけをつくっていただいた弥栄代表の加藤歩氏、アルメニア共和国御奉納（鎮魂の祈り）の御縁をつくっていただいたGallery銀座一丁目代表の真木みきこ氏、本扉裏に作品を御提供いただいた氣龍画師の日幸知氏、温かく力強い励ましのお言葉を賜った、私の講座の全国各地の主催者と受講生の皆様、本書の執筆及び出版にあたって尽力してくださった、作家文援コーチの藤由達藏さん、編集の豊田恵子さん、そして株式会社ナチュラルスピリットの今井社長に厚く謝意を表します。

「神道は言挙げせず」と言います。言葉にした瞬間、書き物にした瞬間、それは固着し、「決めつけ」が起こり、対立が起こり、囚われと化してしまうという、先人の智恵と教訓によるものだと思います。

一方ではまた、言挙げしなければ伝える事ができない、というのもまた事実ですので、「言挙げせずに言挙げする」という絶妙なる姿勢をもって、執筆を試みようとしました。

しかしながら、それはやはり難しいことで、決めつけ、断定してしまった内容も多々あります。

よって、本書をお読みになっても、この内容に囚われることなく、自分自身の深奥にある直霊（なおひ）の鏡に映し出されているものを感じ、つまり「自分の胸に聞いてみる」という態度を、大切にしていただければと思います。それが、「神ながら意識」を生きる、ということでもありますから。

二拝二拍手一礼

沈みゆく太陽が
あまりにも美しいのは
それが明日への
祈りだからだ
一つ終わるたびに
また一つはじまる
永遠の巡りの中で

生命が彩られていくように
そしてそれが
祝福であるかのように
終わりと始まりもまた
結実への　言祝ぎ　なのだ
そう　わたしも　あなたも
巡りの中の生命の彩どり
なのだから
終わりと始まりの
言祝ぎ　なのだから
こうして
何度でも　蘇るのだ
そう　元つ初めの振るえ
とともに
そう　こうして

この　言祝ぎの生命を
久遠（くおん）より永劫（えいごう）へと
何度でも　捧げていくのだ・・・・
まるで　恋するように・・・・
微笑みながら・・・・
そう　何度でも・・・・

神ながら　霊（たま）
幸（ち）はえませ・・・・

平成二十八年一月吉日

矢加部　幸彦

参考図書

『古神道の身体秘伝』大宮司朗／ビイング・ネット・プレス
『言霊玄修秘伝』大宮司朗／八幡書店
『古神道祝詞集』大宮司朗／八幡書店
『人生山河ここにあり』佐々木将人／マネジメント社
『神道の生き方』山蔭基央／学研
『神道入門　そのニ・行法編』山蔭基央／白馬出版
『続古神道大義　上下完』筧克彦／清水書店
『神ながらの道』筧克彦／皇学会
『風俗習慣と神ながらの實修』筧克彦／春陽堂書店
『神道の手引書』戸松慶議／綜合文化協会
『産土の神社』高良容像／神道日垣の庭
『神道開眼高良容像』高良容像／富士見書房
『天皇の神界』高良容像／神道日垣の庭
『古事記とヘブライ神話』高橋輝正／天行居
『天皇裕仁の昭和史』河原敏明／文藝春秋社
『日本語と神道』茂木貞純／講談社
『日本古典文学体系　古事記　祝詞』岩波書店
『日本古典文学大系　日本書紀』岩波書店
『日本古典文学大系　風土記』岩波書店
『霊体結修鎮魂の要諦』宇佐美景堂／霊響山房
『禊の理念と祖孫一体』宇佐美景堂（昭和十七年『日本及び日本人』連載）
『神ながらの修養』田中治吾平／雄山閣
『黎明　上巻・下巻』葦原瑞穂／太陽出版
『倭国伝』藤堂明保・竹田晃・影山輝國全訳注／講談社
『武産合気』高橋英雄編著／白光真宏会出版局

著者略歴

矢加部　幸彦（やかべ・ゆきひこ）

大和ことほぎの会主宰、矢加部オフィス代表、古神道修道士、神道音楽家、セラピスト。
福岡生まれ。京都在住。幼少の頃より武道を通じて（現、合気道四段、大宮司朗伝神伝大東流合気柔術四段、古流柔術、居合等も修行研鑽中）人間の精神の不思議さに興味を示し、神道、精神世界の研究を始める。大学卒業後、製薬会社に入社。人材開発部門にて人材育成に関する企画・運営・講師を担当する傍ら、人間の研究、精神世界の研究をさらに深めていく。平成７年に独立。その後も、古神道の師とのご神縁により、神武一道を修行研鑽。現在は豊富な経験とあわせて独自のメソッドを確立。古神道ワークショップや言霊修道士養成講座などを通して、古の叡智を伝えさせていただきながら、さらなる弥栄への、ことほぎを。さまざまなアーティストとのコラボレーションや、各地神社での奉納演奏など神道音楽家としても活動。
平成24年7月には、日本・アルメニア外交関係樹立20周年記念事業に、神道音楽家として招かれ、アルメニアの国立ロシアン美術館やアララト山（アルメニアより）にてご奉納演奏を。平成26年5月に、二度目のアルメニア渡航を果たし、各地で鎮魂の祈りとご奉納を。
大宮司朗師・玄修会門人。（元）佐々木将人師・神明塾門人。

＊「大和ことほぎの会」について
大和ことほぎの会は一流一派に拘ることなく、古神道の心と形、その日の本の叡智を体験することを通して、この美しき日の本の道、大和の心を修養し、「日本人で良かった！」「自分で良かった！」を、皆様とともに学びながら、その感動（神動）を深めていくことができればと思います。

永久の　弥栄　を
そのはじまりの祈りを
ことほぐ・・・

※大和ことほぎの会では、各種古神道の講座を公開させていただいていますが、宗教団体ではありません。また、特定の組織に属するものでもありません。会の規則などもなく、どなたでも自由に講座を受講することができます。

「大和ことほぎの会」公式サイト　http://kamuhogi.com/yamatokotohogi/
矢加部幸彦公式ページ「KAMUHOGI」 http://kamuhogi.com/
FC2ブログ「ことほぎの光～よもやまブログ」http://hakuchu.blog58.fc2.com/
アメブロ「神ながらの道 ～古神道修道士 矢加部幸彦の弥栄（いやさか）の祈り～ 日本に恋せよ！」
http://ameblo.jp/yamatokotohogi/

神ながら意識

●

2016年2月29日　初版発行
2023年7月7日　第4刷発行

著者／矢加部幸彦

編集協力／藤由達藏
編集／豊田恵子
本文デザイン・DTP／大内かなえ

発行者／今井博揮
発行所／株式会社 ナチュラルスピリット
〒101-0051 東京都千代田区神田神保町3-2 高橋ビル2階
TEL 03-6450-5938　FAX 03-6450-5978
info@naturalspirit.co.jp
https://www.naturalspirit.co.jp/

印刷所／創栄図書印刷株式会社

ISBN978-4-86451-196-4 C0014